Copyright © 2024

A norma di legge è vietata la riproduzione, anche parziale, del presente documento o di parte di esso con qualsiasi mezzo.
<u>È SEVERAMENTE VIETATA</u> la divulgazione con qualsiasi mezzo (sia essa gratuita o a pagamento) da altri enti, associazioni, aziende diverse da Universal Kinesiology srl.

INDICE

CAPITOLO 1: L'UNITA' DIDATTICA DI APPRENDIMENTO

- Cos'è l'Unità Didattica di Apprendimento
- Competenze di Cittadinanza Europea (22 Maggio 2018)
- Tipi di Valutazione

CAPITOLO 2: LE INDICAZIONI NAZIONALI PER IL CURRICULO

- L'Attività Didattica
- I Traguardi per lo Sviluppo delle Competenze
- La Valutazione
- La Certificazione delle Competenze
- Inclusione e Integrazione delle Culture
- Traguardi per lo Sviluppo delle Competenze al Termine della Scuola Secondaria di Primo Grado (Scienze Motorie e Sportive)
- Obiettivi di Apprendimento al Termine della Classe Terza della Scuola Secondaria di Primo Grado
- Scienze Motorie e Sportive: Linee Generali e Competenze Scuola Secondari di Secondo Grado
- Obiettivi Specifici Primo Biennio
- Obiettivi Specifici Secondo Biennio
- Obiettivi Specifici Quinto Anno

CAPITOLO 3: UDA SCUOLA SECONDARIA PRIMO GRADO

- UDA ALIMENTAZIONE "Mangiamo...per crescere"
- UDA BADMINTON "Colpiamo il Volano"
- UDA CALCIO A 11 "Calciamo il Razzismo"
- UDA CAPACITA' COORDINATIVE "CoordinAzione"
- UDA GOALBALL "Giochiamo al Buio"
- UDA SALUTE E BENESSERE "Alimentiamo la Nostra Salute"
- UDA PALLACANESTRO "Andiamo a Canestro"

- UDA PALLAMANO "Relazionarsi con la Pallamano"
- UDA PALLAVOLO "Prendila al Volo"
- UDA TENNIS TAVOLO "Tennis TavOltre"

CAPITOLO 4: UDA SCUOLA SECONDARIA SECONDO GRADO

- UDA ATLETICA LEGGERA "Corriamo Insieme"
- UDA CALCIO A 5 "Calciamo Insieme"
- UDA CAPACITA' CONDIZIONALI "AlleniAMOci"
- UDA NORDIC WALKING "Passeggiata Nordica"
- UDA PALLAMANO "Happy Handball"
- UDA PARALIMPIADI "IncludiAMOci"
- UDA RUGBY "Andiamo a Meta"
- UDA SITTING VOLLEY "Insieme...da Seduti"
- UDA SPORT E DISABILITA' "dis...ABILITA'"
- UDA TABATA "Tabata Workout"

L'UNITÀ DIDATTICA DI APPRENDIMENTO

L'unità di apprendimento è un **insieme di conoscenze, competenze ed abilità** da ottenere durante la formazione scolastica. Questa modalità didattica mette al centro l'interesse dello studente, e non più l'insegnante. Inoltre, l'unità di apprendimento è un'occasione che desidera formare in modo integrale la persona, senza limitarsi alla mera trasmissione di informazioni. Tutto ciò avviene tramite lo sviluppo di competenze trasversali.

Alcune unità di apprendimento proposte sono infatti **multidisciplinari** e quindi caratterizzate dalla condivisione di una conoscenza finale fondata su varie discipline. Condivisione di valori e competenze apportate da più materie permette di ampliare le proprie vedute e non considerare lo studio in quanto tale ma applicato alla vita reale. I docenti, tramite il singolo insegnamento di determinate discipline, possono concorrere al raggiungimento di un obiettivo comune.

Dunque, in fase di pianificazione collegiale, è importare individuare un intervento coordinato e intenzionale da sviluppare. Ogni insegnante può portare avanti questo compito nelle sue ore di lezioni, senza crearne di aggiuntive, seguendo la programmazione prestabilita.

L'unità didattica di apprendimento (UDA) è un'organizzazione del lavoro scolastico che si basa su principi di pianificazione per competenze, con l'obiettivo di rendere l'apprendimento più significativo per gli studenti. Le UDA sono progettate per integrare diverse discipline in un unico percorso di apprendimento, promuovendo così un approccio interdisciplinare che aiuta gli studenti a vedere le connessioni tra i vari campi del sapere. Ecco alcuni elementi chiave che caratterizzano le unità didattiche di apprendimento:

Obiettivi

- **Promuovere un apprendimento significativo:** le UDA sono progettate attorno a temi o progetti significativi che stimolano l'interesse degli studenti e rendono l'apprendimento più relazionato alla vita reale;

- **Sviluppare competenze trasversali:** oltre alle conoscenze specifiche delle singole materie, le UDA mirano a sviluppare competenze utili in vari contesti, come il pensiero critico, la capacità di risolvere problemi, la collaborazione, e la comunicazione efficace;
- **Valutazione integrata:** la valutazione degli studenti in una UDA si basa sia sul processo di apprendimento sia sui risultati finali, valutando le competenze acquisite in modo integrato attraverso diverse materie.

Struttura

Una UDA tipicamente include:

Titolo: Che indica il tema o il progetto intorno al quale è organizzata l'unità.

Tempo: La durata prevista per il completamento dell'unità, che può variare da poche settimane a un intero trimestre.

Obiettivi didattici: Che definiscono ciò che gli studenti dovrebbero sapere e essere in grado di fare al termine dell'unità.

Contenuti: Le conoscenze e le abilità specifiche che verranno insegnate e apprese.

Metodologie: Le strategie e le attività didattiche attraverso cui gli obiettivi saranno raggiunti, come il lavoro di gruppo, la ricerca, i laboratori, e le discussioni.

Risorse: I materiali e le altre risorse necessarie per l'attuazione dell'unità.

Valutazione: I criteri e gli strumenti di valutazione che saranno usati per valutare gli apprendimenti degli studenti.

Implementazione

L'implementazione di una UDA richiede una pianificazione accurata da parte dell'insegnante, che deve coordinare le attività didattiche, organizzare le risorse, monitorare il progresso degli studenti e adeguare le strategie didattiche in base alle esigenze di apprendimento individuate durante il percorso. Un elemento fondamentale è la riflessione sull'apprendimento, che consente agli studenti di prendere consapevolezza dei propri progressi e delle strategie di apprendimento più efficaci.

Le UDA rappresentano un approccio innovativo all'insegnamento che mette al centro l'apprendimento attivo degli studenti, promuovendo la loro partecipazione e coinvolgimento diretto nel proprio percorso educativo.

La configurazione dell'unità didattica basata sulle competenze inizia dall'analisi del contesto e dei prerequisiti legati al tema da trattare, seguita dalla definizione degli obiettivi formativi per gli studenti e dall'elaborazione di strumenti e metodi per la creazione dei contenuti. Infine, si stabiliscono i criteri per la valutazione del lavoro svolto.

Nella progettazione dell'unità didattica, si pone un'attenzione particolare alla definizione degli obiettivi, dato che le competenze degli studenti rappresentano il fulcro del percorso formativo. Si procede stabilendo competenze fondamentali applicabili a tutte le discipline, che supportano l'apprendimento continuo dell'allievo, passando poi alle competenze trasversali che interconnettono i vari argomenti in base ai bisogni formativi, fino a specificare gli obiettivi di apprendimento per ogni materia.

Una volta stabilito il quadro dell'unità didattica, si deve curare lo sviluppo dei contenuti, prestando attenzione all'organizzazione dell'ambiente e alle varie modalità di strutturazione del percorso. L'unità didattica ha un forte orientamento interdisciplinare, mirando a incentivare l'autonomia degli studenti nel problem solving attraverso metodi diversificati come quelli induttivi, sperimentali o collaborativi. La scelta del percorso influisce sulle necessità relative agli spazi, ai tempi e agli strumenti didattici.

Negli anni recenti, il ruolo educativo dell'insegnante ha subito un'evoluzione significativa, spostandosi dalla semplice pianificazione delle lezioni all'elaborazione di progetti orientati allo sviluppo delle competenze.

Attualmente, è richiesto un **approccio didattico innovativo**, incentrato su Unità di Apprendimento che pongano lo studente al centro del processo educativo attraverso attività come laboratori, progetti, ricerche e l'uso di metodologie interattive, promuovendo così l'apprendimento attivo.

L'obiettivo è trasformare la scuola in un ambiente focalizzato sulla **risoluzione di problemi**, dove le competenze specifiche delle discipline contribuiscono allo sviluppo personale degli studenti. Per realizzare percorsi efficaci di sviluppo delle competenze, è fondamentale partire dall'analisi dei documenti ufficiali a livello nazionale ed europeo.

La progettazione rappresenta la **fase preliminare dell'insegnamento**, con lo scopo di anticipare e organizzare il processo educativo nelle sue diverse fasi, analizzandole e coordinandole attentamente. Questa fase è dinamica e suscettibile di modifiche durante il suo svolgimento, servendo come bussola per guidare l'attività didattica.

La progettazione didattica si basa non solo sui contenuti ma prioritariamente sui processi formativi, tenendo conto delle necessità degli studenti e proponendo percorsi personalizzati che rispettino le individualità.
Inoltre, la flessibilità nella progettazione è cruciale per adattarsi alle diverse esigenze degli studenti, considerando le risorse locali, le aspettative delle famiglie, il curriculum dell'istituto e le competenze degli insegnanti, al fine di creare un ambiente educativo inclusivo e stimolante per tutti.

Il percorso di progettazione didattica si articola in tre fasi distinte ma strettamente connesse: **la fase di progettazione, la fase di attuazione e la fase di valutazione**. Queste tre fasi formano un ciclo continuo di feedback e miglioramento, dove la pianificazione iniziale si fonde ed evolve attraverso l'attuazione pratica e l'analisi critica dei risultati, in un approccio dinamico che vede il progetto educativo in costante sviluppo e adeguamento.

Durante la progettazione, si devono considerare 4 step cruciali:

1. L'identificazione delle esigenze formative, ovvero comprendere quali siano le necessità di apprendimento degli alunni (analisi dei bisogni e del contesto classe);
2. La definizione delle competenze, degli obiettivi che il progetto intende raggiungere, cioè i risultati che si spera di ottenere;
3. La scelta delle strategie didattiche più efficaci per trasmettere i contenuti e facilitare l'apprendimento;
4. La valutazione dei risultati ottenuti e l'efficacia generale del percorso didattico, per verificare il conseguimento degli obiettivi prefissati e l'impatto dell'insegnamento.

Queste fasi, sebbene sequenziali, sono interdipendenti e contribuiscono a un processo di perfezionamento del progetto didattico, che si adatta e si modifica in risposta alle osservazioni e ai risultati emersi durante e dopo l'attuazione. L'educazione basata sulle competenze mira a creare itinerari formativi che accolgano ogni studente, offrendo loro l'opportunità di sviluppare al meglio le proprie capacità.

Le direttive emanate dal **Parlamento europeo e dal Consiglio nel 2006 e aggiornate nel 2018** evidenziano l'impegno dei sistemi educativi europei nel fornire ai giovani le competenze fondamentali necessarie per il loro benessere personale, l'integrazione sociale, la partecipazione attiva come cittadini e l'accesso al mondo del lavoro.

La raccomandazione del 22 maggio 2018 delinea otto competenze essenziali per i cittadini europei:

1) Competenza alfabetica funzionale;
2) Competenza multilinguistica;
3) Competenza matematica e competenze in scienze, tecnologia e ingegneria;
4) Competenza digitale;
5) Competenza personale-sociale e capacità di imparare a imparare;
6) Competenza in materia di cittadinanza;
7) Competenza imprenditoriale;
8) Competenza in materia di consapevolezza ed espressione culturale.

Secondo il **Quadro Europeo dei Titoli e delle Qualifiche** (EQF), una competenza rappresenta l'abilità comprovata di applicare conoscenze, abilità personali, sociali e metodologiche in contesti professionali o di studio, e viene definita in termini di responsabilità e autonomia. Queste competenze combinano la conoscenza teorica o pratica (il sapere), le abilità pratiche o cognitive (il saper fare) e gli atteggiamenti (il saper essere), derivanti dall'esperienza diretta o dal lavoro di gruppo.

Le conoscenze acquisite dagli studenti dovrebbero trascendere la preparazione per test o esami per diventare fondamenta durature per l'apprendimento futuro. Allo stesso modo, le abilità devono essere pienamente assimilate e padroneggiate. Durante la progettazione didattica, è cruciale che l'insegnante identifichi con precisione le competenze da sviluppare e delinei chiaramente le conoscenze e le abilità correlate.

L'approccio per competenze trascende la metodologia educativa tradizionale, che presenta le abilità in modo progressivo e sequenziale, e si interroga su come il sapere e le abilità possano essere applicati in contesti diversi.

Tipi di valutazione

La valutazione assume un ruolo fondamentale nel contesto pedagogico, rappresentando sia **l'analisi qualitativa che quantitativa** del comportamento degli studenti, sui quali si formulano giudizi considerando anche il contesto ambientale in cui si svolge l'educazione. Il concetto di valutazione, originario dal termine latino "valitus" che significa **assegnare un valore**, comprende vari approcci e produce differenti impatti sugli studenti. Un voto può motivare all'impegno, evidenziare lacune, o essere visto come un riconoscimento delle capacità e una ricompensa per il successo ottenuto.

Con l'adozione **dell'autonomia scolastica**, si è posta maggiore attenzione alla supervisione complessiva del percorso di apprendimento e sviluppo educativo degli studenti, al fine di personalizzare le opportunità didattiche e formative.

L'obiettivo della valutazione va oltre la semplice verifica delle prestazioni: mira a supportare gli studenti nel loro percorso di crescita, richiedendo quindi un approccio ben strutturato, con obiettivi definiti e strumenti appropriati. La valutazione diventa così un processo che attribuisce valore alle azioni e ai risultati degli studenti, basandosi su criteri oggettivi e trasparenti. Per assicurare che la valutazione sia equa e oggettiva, è essenziale che i metodi e gli strumenti utilizzati siano chiaramente definiti e basati su principi standardizzati. In questo modo, la valutazione funge da ponte tra gli obiettivi prefissati e il loro conseguimento, avendo una funzione sia sociale che educativa, e permette di interpretare e integrare i risultati misurabili per delineare profili di personalità e competenze degli studenti.

Il processo di valutazione educativa si articola in tre momenti distinti: la valutazione diagnostica, formativa e sommativa.

- **Valutazione diagnostica**: Questo tipo di valutazione si svolge all'inizio del percorso educativo. Serve per identificare le necessità, le difficoltà iniziali e le potenzialità degli studenti, così come per valutare la loro capacità di utilizzare risorse e strumenti adeguati all'apprendimento;

- **Valutazione formativa**: Si realizza durante lo svolgimento del corso di studi. Questa fase permette di monitorare il progresso degli studenti nell'acquisizione di conoscenze, competenze e abilità. Grazie a questa valutazione, è possibile intervenire tempestivamente con strategie di supporto o correzioni al programma didattico, in base alle necessità che emergono durante il processo di apprendimento;
- **Valutazione sommativa o finale**: Avviene al termine del percorso formativo e ha lo scopo di valutare complessivamente l'efficacia dell'insegnamento e l'apprendimento degli studenti. Attraverso la valutazione sommativa, espressa spesso in voti, si misurano i risultati conseguiti dagli studenti, fornendo anche indicazioni utili per le future direzioni di studio o miglioramenti.

Ciascuna di queste fasi svolge un ruolo cruciale nel processo educativo, contribuendo a un approccio olistico alla valutazione che non solo misura i risultati finali ma favorisce anche un percorso di apprendimento consapevole e personalizzato.

LE INDICAZIONI NAZIONALI PER IL CURRICOLO

Le Indicazioni costituiscono il quadro di riferimento per la progettazione curricolare affidata alle scuole. Sono un testo aperto, che la comunità professionale è chiamata ad assumere e a contestualizzare, elaborando specifiche scelte relative a contenuti, metodi, organizzazione e valutazione coerenti con i traguardi formativi previsti dal documento nazionale.

Il curricolo di istituto

Ogni scuola predispone il curricolo di istituto all'interno del Piano dell'offerta formativa con riferimento al profilo dello studente al termine del primo ciclo di istruzione, ai traguardi per lo sviluppo delle competenze, agli obiettivi di apprendimento specifici per ogni disciplina.

L'attività didattica

A partire dal curricolo di istituto, i docenti individuano le esperienze di apprendimento più efficaci, le scelte didattiche più significative e le strategie più idonee. L'attività didattica è orientata alla qualità dell'apprendimento di ciascun alunno e non a una sequenza lineare, e necessariamente incompleta, di contenuti disciplinari. I docenti, in stretta collaborazione, promuovono attività significative nelle quali gli strumenti e i metodi caratteristici delle discipline si confrontano e si intrecciano tra loro, evitando trattazioni di argomenti distanti dall'esperienza e frammentati in nozioni da memorizzare.

I traguardi per lo sviluppo delle competenze

I traguardi per lo sviluppo delle competenze rappresentano dei riferimenti ineludibili per gli insegnanti, indicano piste culturali e didattiche da percorrere e aiutano a finalizzare l'azione educativa allo sviluppo integrale dell'allievo. Costituiscono criteri per la valutazione delle competenze attese e, nella loro scansione temporale, sono prescrittivi, impegnando così le istituzioni scolastiche affinché ogni alunno possa conseguirli, a garanzia dell'unità del sistema nazionale e della qualità del servizio.

Le scuole hanno la libertà e la responsabilità di organizzarsi e di scegliere l'itinerario più opportuno per consentire agli studenti il miglior conseguimento dei risultati.

Gli obiettivi di apprendimento individuano campi del sapere, conoscenze e abilità ritenuti indispensabili al fine di raggiungere i traguardi per lo sviluppo delle competenze. Essi sono utilizzati dalle scuole e dai docenti nella loro attività di progettazione didattica, con attenzione alle condizioni di contesto, didattiche e organizzative mirando a un insegnamento ricco ed efficace.

La valutazione

Le **verifiche intermedie** e le **valutazioni periodiche** e **finali** devono essere coerenti con gli obiettivi e i traguardi previsti dalle Indicazioni e declinati nel curricolo. La valutazione precede, accompagna e segue i percorsi curricolari. Attiva le azioni da intraprendere, regola quelle avviate, promuove il bilancio critico su quelle condotte a termine. Assume una preminente funzione formativa, di accompagnamento dei processi di apprendimento e di stimolo al miglioramento continuo.

La certificazione delle competenze

La scuola finalizza il curricolo alla maturazione delle competenze previste nel profilo dello studente al termine del primo ciclo, fondamentali per la crescita personale e per la partecipazione sociale, e che saranno oggetto di certificazione. Sulla base dei traguardi fissati a livello nazionale, spetta all'autonomia didattica delle comunità professionali progettare percorsi per la promozione, la rilevazione e la valutazione delle competenze.

Particolare attenzione sarà posta a come ciascuno studente mobilita e orchestra le proprie risorse – conoscenze, abilità, atteggiamenti, emozioni – per affrontare efficacemente le situazioni che la realtà quotidianamente propone, in relazione alle proprie potenzialità e attitudini.

Solo a seguito di una regolare osservazione, documentazione e valutazione delle competenze è possibile la loro certificazione, al termine della scuola primaria e della scuola secondaria di primo grado, attraverso i modelli che verranno adottati a livello nazionale.

Inclusione e integrazione delle culture

La scuola italiana sviluppa la propria azione educativa in coerenza con i principi dell'inclusione delle persone e dell'integrazione delle culture, considerando l'accoglienza della diversità un valore irrinunciabile. La scuola consolida le **pratiche inclusive** nei confronti di bambini e ragazzi di cittadinanza non italiana promuovendone la piena integrazione. Favorisce inoltre, con specifiche strategie e percorsi personalizzati, la prevenzione e il recupero della dispersione scolastica e del fallimento formativo precoce; a tal fine attiva risorse e iniziative mirate anche in collaborazione con gli enti locali e le altre agenzie educative del territorio.

Particolare cura è riservata agli allievi con disabilità o con bisogni educativi speciali, attraverso adeguate strategie organizzative e didattiche, da considerare nella normale progettazione dell'offerta formativa. Per affrontare difficoltà non risolvibili dai soli insegnanti curricolari, la scuola si avvale dell'apporto di professionalità specifiche come quelle dei docenti di sostegno e di altri operatori.

Traguardi per lo sviluppo delle competenze al termine della scuola secondaria di primo grado (Scienze Motorie e Sportive)
- L'alunno è consapevole delle proprie competenze motorie sia nei punti di forza che nei limiti;
- Utilizza le abilità motorie e sportive acquisite adattando il movimento in situazione;
- Utilizza gli aspetti comunicativo-relazionali del linguaggio motorio per entrare in relazione con gli altri, praticando, inoltre, attivamente i valori sportivi (fair play) come modalità di relazione quotidiana e di rispetto delle regole;

- Riconosce, ricerca e applica a se stesso comportamenti di promozione dello "star bene" in ordine a un sano stile di vita e alla prevenzione;
- Rispetta criteri base di sicurezza per sé e per gli altri;
- È capace di integrarsi nel gruppo, di assumersi responsabilità e di impegnarsi per il bene comune.

Obiettivi di apprendimento al termine della classe terza della scuola secondaria di primo grado

Il corpo e la sua relazione con lo spazio e il tempo
- Utilizzare e trasferire le abilità per la realizzazione dei gesti tecnici dei vari sport.
- Saper utilizzare l'esperienza motoria per risolvere situazioni nuove o inusuali.
- Utilizzare e correlare le variabili spazio-temporali funzionali alla realizzazione del gesto tecnico in ogni situazione sportiva.
- Sapersi orientare nell'ambiente naturale e artificiale anche attraverso ausili specifici (mappe, bussole).

Il linguaggio del corpo come modalità comunicativo-espressiva
- Conoscere e applicare semplici tecniche di espressione corporea per rappresentare idee, stati d'animo e storie mediante gestualità e posture svolte in forma individuale, a coppie, in gruppo.
- Saper decodificare i gesti di compagni e avversari in situazione di gioco e sport.
- Saper decodificare i gesti arbitrali nell'applicazione del regolamento di gioco.

Il gioco, lo sport, le regole e il fair play
- Padroneggiare le capacità coordinative adattandole alle situazioni richieste dal gioco in forma originale e creativa, proponendo anche varianti.
- Saper realizzare strategie di gioco, mettere in atto comportamenti collaborativi e partecipare in forma propositiva alle scelte della squadra.

- Conoscere e applicare correttamente il regolamento tecnico degli sport praticati assumendo anche il ruolo di arbitro o di giudice.
- Saper gestire in modo consapevole le situazioni competitive con autocontrollo e rispetto per l'altro, sia in caso di vittoria sia in caso di sconfitta.

Salute e benessere, prevenzione e sicurezza

- Conoscere i cambiamenti morfologici caratteristici dell'età e applicarsi a seguire un piano di lavoro in vista del miglioramento delle prestazioni.
- Distribuire lo sforzo in relazione al tipo di attività richiesta e applicare tecniche di controllo respiratorio e di rilassamento a conclusione del lavoro.
- Saper disporre, utilizzare e riporre correttamente gli attrezzi salvaguardando la propria e l'altrui sicurezza.
- Saper adottare comportamenti appropriati per la sicurezza propria e dei compagni anche rispetto a possibili situazioni di pericolo.
- Praticare attività di movimento per migliorare la propria efficienza fisica riconoscendone i benefici.
- Conoscere ed essere consapevoli degli effetti nocivi legati all'assunzione di integratori, di sostanze illecite o che inducono dipendenza (doping, droghe, alcool).

Scienze motorie e sportive linee generali e competenze – Scuola Secondaria di Secondo grado

Al temine del **percorso liceale** lo studente ha acquisito la consapevolezza della propria corporeità intesa come conoscenza, padronanza e rispetto del proprio corpo; ha consolidato i valori sociali dello sport e ha acquisito una buona preparazione motoria; ha maturato un atteggiamento positivo verso uno stile di vita sano e attivo; ha colto le implicazioni e i benefici derivanti dalla pratica di varie attività fisiche svolte nei diversi ambienti.

Lo studente consegue la padronanza del proprio corpo sperimentando un'ampia gamma di attività motorie e sportive: ciò favorisce un equilibrato sviluppo fisico e neuromotorio. La stimolazione delle capacità motorie dello studente, sia coordinative che di forza, resistenza, velocità e flessibilità, è sia obiettivo specifico che presupposto per il raggiungimento di più elevati livelli di abilità e di prestazioni motorie.

Lo studente sa agire in maniera responsabile, ragionando su quanto sta ponendo in atto, riconoscendo le cause dei propri errori e mettendo a punto adeguate procedure di correzione. È in grado di analizzare la propria e l'altrui prestazione, identificandone aspetti positivi e negativi. Lo studente sarà consapevole che il corpo comunica attraverso un linguaggio specifico e sa padroneggiare ed interpretare i messaggi, volontari ed involontari, che esso trasmette. Tale consapevolezza favorisce la libera espressione di stati d'animo ed emozioni attraverso il linguaggio non verbale.

La conoscenza e la pratica di varie attività sportive sia individuali che di squadra, permettono allo studente di scoprire e valorizzare **attitudini, capacità e preferenze personali** acquisendo e padroneggiando dapprima le abilità motorie e successivamente le tecniche sportive specifiche, da utilizzare in forma appropriata e controllata. L'attività sportiva, sperimentata nei diversi ruoli di giocatore, arbitro, giudice od organizzatore, valorizza la personalità dello studente generando interessi e motivazioni specifici, utili a scoprire ed orientare le attitudini personali che ciascuno potrà sviluppare.

L'attività sportiva si realizza in armonia con l'istanza educativa, sempre prioritaria, in modo da promuovere in tutti gli studenti l'abitudine e l'apprezzamento della sua pratica. Essa potrà essere propedeutica all'eventuale attività prevista all'interno dei Centri Sportivi Scolastici. Lo studente, lavorando sia in gruppo che individualmente, impara a confrontarsi e a collaborare con i compagni seguendo regole condivise per il raggiungimento di un obiettivo comune.

La conoscenza e la consapevolezza dei benefici indotti da un'attività fisica praticata in forma regolare fanno maturare nello studente un atteggiamento positivo verso uno stile di vita attivo. Esperienze di riuscita e di successo in differenti tipologie di attività favoriscono nello studente una maggior fiducia in sé stesso.

Un'adeguata base di conoscenze di metodi, tecniche di lavoro e di esperienze vissute rende lo studente consapevole e capace di organizzare autonomamente un proprio piano di sviluppo/mantenimento fisico e di tenere sotto controllo la propria postura. Lo studente matura l'esigenza di raggiungere e mantenere un adeguato livello di forma psicofisica per poter affrontare in maniera appropriata le esigenze quotidiane rispetto allo studio e al lavoro, allo sport ed al tempo libero.

L'acquisizione di un consapevole e corretto rapporto con i diversi tipi di ambiente non può essere disgiunta dall'apprendimento e dall'effettivo rispetto dei principi fondamentali di prevenzione delle situazioni a rischio (anticipazione del pericolo) o di pronta reazione all'imprevisto, sia a casa che a scuola o all'aria aperta. Gli studenti fruiranno inoltre di molteplici opportunità per familiarizzare e sperimentare l'uso di tecnologie e strumenti anche innovativi, applicabili alle attività svolte ed alle altre discipline.

Obiettivi specifici di apprendimento primo biennio

Dopo aver verificato il livello di apprendimento conseguito nel corso del primo ciclo dell'istruzione si strutturerà un percorso didattico atto a colmare eventuali lacune nella formazione di base, ma anche finalizzato a valorizzare le potenzialità di ogni studente.

La percezione di sé ed il completamento dello sviluppo funzionale delle capacità motorie ed espressive.

Lo studente dovrà conoscere il proprio corpo e la sua funzionalità, ampliare le capacità coordinative e condizionali realizzando schemi motori complessi utili ad affrontare attività sportive, comprendere e produrre consapevolmente i messaggi non verbali leggendo criticamente e decodificando i propri messaggi corporei e quelli altrui.

Lo sport, le regole e il fair play.

La pratica degli sport individuali e di squadra, anche quando assumerà carattere di competitività, dovrà realizzarsi privilegiando la componente educativa, in modo da promuovere in tutti gli studenti la consuetudine all'attività motoria e sportiva. È fondamentale sperimentare nello sport i diversi ruoli e le relative responsabilità, sia nell'arbitraggio che in compiti di giuria. Lo studente praticherà gli sport di squadra applicando strategie efficaci per la risoluzione di situazioni problematiche; si impegnerà negli sport individuali abituandosi al confronto ed alla assunzione di responsabilità personali; collaborerà con i compagni all'interno del gruppo facendo emergere le proprie potenzialità.

Salute, benessere, sicurezza e prevenzione.

Lo studente conoscerà i principi fondamentali di prevenzione per la sicurezza personale in palestra, a casa e negli spazi aperti, compreso quello stradale; adotterà i principi igienici e scientifici essenziali per mantenere il proprio stato di salute e migliorare l'efficienza fisica, così come le norme sanitarie e alimentari indispensabili per il mantenimento del proprio benessere. Conoscerà gli effetti benefici dei percorsi di preparazione fisica e gli effetti dannosi dei prodotti farmacologici tesi esclusivamente al risultato immediato.

Relazione con l'ambiente naturale e tecnologico.

Le pratiche motorie e sportive realizzate in ambiente naturale saranno un'occasione fondamentale per orientarsi in contesti diversificati e per il recupero di un rapporto corretto con l'ambiente; esse inoltre favoriranno la sintesi delle conoscenze derivanti da diverse discipline scolastiche.

SECONDO BIENNIO - Nel secondo biennio l'azione di consolidamento e di sviluppo delle conoscenze e delle abilità degli studenti proseguirà al fine di migliorare la loro formazione motoria e sportiva. A questa età gli studenti, favoriti anche dalla completa maturazione delle aree cognitive frontali, acquisiranno una sempre più ampia capacità di lavorare con senso critico e creativo, con la consapevolezza di essere attori di ogni esperienza corporea vissuta.

La percezione di sé ed il completamento dello sviluppo funzionale delle capacità motorie ed espressive.

La maggior padronanza di sé e l'ampliamento delle capacità coordinative, condizionali ed espressive permetteranno agli studenti di realizzare movimenti complessi e di conoscere ed applicare alcune metodiche di allenamento tali da poter affrontare attività motorie e sportive di alto livello, supportate anche da approfondimenti culturali e tecnico-tattici. Lo studente saprà valutare le proprie capacità e prestazioni confrontandole con le appropriate tabelle di riferimento e svolgere attività di diversa durata e intensità, distinguendo le variazioni fisiologiche indotte dalla pratica motoria e sportiva. Sperimenterà varie tecniche espressivo-comunicative in lavori individuali e di gruppo, che potranno suscitare un'autoriflessione ed un'analisi dell'esperienza vissuta.

Lo sport, le regole e il fair play.

L'accresciuto livello delle prestazioni permetterà agli allievi un maggiore coinvolgimento in ambito sportivo, nonché la partecipazione e l'organizzazione di competizioni della scuola nelle diverse specialità sportive o attività espressive. Lo studente coopererà in équipe, utilizzando e valorizzando con la guida del docente le propensioni individuali e l'attitudine a ruoli definiti; saprà osservare ed interpretare i fenomeni legati al mondo sportivo ed all'attività fisica; praticherà gli sport approfondendone la teoria, la tecnica e la tattica.

Salute, benessere, sicurezza e prevenzione.

Ogni allievo saprà prendere coscienza della propria corporeità al fine di perseguire quotidianamente il proprio benessere individuale. Saprà adottare comportamenti idonei a prevenire infortuni nelle diverse attività, nel rispetto della propria e dell'altrui incolumità; egli dovrà pertanto conoscere le informazioni relative all'intervento di primo soccorso.

Relazione con l'ambiente naturale e tecnologico.

Il rapporto con la natura si svilupperà attraverso attività che permetteranno esperienze motorie ed organizzative di maggior difficoltà, stimolando il piacere di vivere esperienze diversificate, sia individualmente che nel gruppo. Gli allievi sapranno affrontare l'attività motoria e sportiva utilizzando attrezzi, materiali ed eventuali strumenti tecnologici e/o informatici.

QUINTO ANNO - La personalità dello studente potrà essere pienamente valorizzata attraverso l'ulteriore diversificazione delle attività, utili a scoprire ed orientare le attitudini personali nell'ottica del pieno sviluppo del potenziale di ciascun individuo. In tal modo le scienze motorie potranno far acquisire allo studente abilità molteplici, trasferibili in qualunque altro contesto di vita. Ciò porterà all'acquisizione di corretti stili comportamentali che abbiano radice nelle attività motorie sviluppate nell'arco del quinquennio in sinergia con l'educazione alla salute, all'affettività, all'ambiente e alla legalità.

La percezione di sé ed il completamento dello sviluppo funzionale delle capacità motorie ed espressive.

Lo studente sarà in grado di sviluppare un'attività motoria complessa, adeguata ad una completa maturazione personale. Avrà piena conoscenza e consapevolezza degli effetti positivi generati dai percorsi di preparazione fisica specifici. Saprà osservare e interpretare i fenomeni connessi al mondo dell'attività motoria e sportiva proposta nell'attuale contesto socioculturale, in una prospettiva di durata lungo tutto l'arco della vita.

Lo sport, le regole e il fair play.

Lo studente conoscerà e applicherà le strategie tecnico-tattiche dei giochi sportivi; saprà affrontare il confronto agonistico con un'etica corretta, con rispetto delle regole e vero fair play. Saprà svolgere ruoli di direzione dell'attività sportiva, nonché organizzare e gestire eventi sportivi nel tempo scuola ed extra-scuola.

Salute, benessere, sicurezza e prevenzione.

Lo studente assumerà stili di vita e comportamenti attivi nei confronti della propria salute intesa come fattore dinamico, conferendo il giusto valore all'attività fisica e sportiva, anche attraverso la conoscenza dei principi generali di una corretta alimentazione e di come essa è utilizzata nell'ambito dell'attività fisica e nei vari sport.

Relazione con l'ambiente naturale e tecnologico.

Lo studente saprà mettere in atto comportamenti responsabili nei confronti del comune patrimonio ambientale, tutelando lo stesso ed impegnandosi in attività ludiche e sportive in diversi ambiti, anche con l'utilizzo della strumentazione tecnologica e multimediale a ciò preposta.

TEMA PORTANTE – ALIMENTAZIONE

DENOMINAZIONE	Mangiamo…per crescere
CICLO/CORSO	Gli utenti destinatari sono gli alunni di una classe Prima della Scuola secondaria di primo grado. La classe è composta da 22 alunni di cui 12 maschi e 10 femmine.
PERIODO ANNO SCOLASTICO	Aprile
NUMERO TOTALE DI ORE	8 ore
ANALISI DEI BISOGNI	Nel gruppo classe, a seguito di un sondaggio effettuato, è emerso che il 70% della classe non ha buone abitudini alimentari. Questo determina uno stile di vita non salutare.
PRODOTTO FINALE	Prendere coscienza delle buone abitudini che si devono assumere per una corretta alimentazione e per garantire uno stile di vita sano, equilibrato e sostenibile.
PREREQUISITI	-Saper ascoltare ed esprimere le proprie idee; -Saper utilizzare le reti e gli strumenti informatici nelle attività di studio; -Intervenire in maniera propositiva nel lavoro di classe apportando il proprio contributo.
DISCIPLINA D'INTERESSE	Scienze Motorie e Sportive
DISCIPLINA TRASVERSALE	Educazione Civica
COMPETENZE CHIAVE EUROPEE	• *Competenza sociale e civica;* • *Competenza personale, sociale e capacità di imparare ad imparare.*
COMPETENZE CHIAVE DI CITTADINANZA	• *Partecipare e collaborare;* • *Risolvere i problemi;* • *Agire in modo autonomo e responsabile.*
TRAGUARDO DI SVILUPPO DELLE COMPETENZE	-Riconoscere le conseguenze di un'alimentazione scorretta e l'importanza del cibo per l'energia; -Essere consapevole dell'esigenze alimentari in relazione ai fabbisogni nutritivi ed energetici; -Sensibilizzare gli studenti alla prevenzione delle malattie e ad un miglioramento dello stile di vita.
NUCLEO FONDANTE	Salute e Benessere, Prevenzione e Sicurezza
ABILITÀ (SAPER FARE)	-Saper collegare gli aspetti nutrizionali e gli stili di vita al benessere e alla prevenzione;

	-Attuare scelte per affrontare i rischi connessi ad una cattiva alimentazione; -Saper adottare sani comportamenti alimentari, promuovendo un concetto di socialità complessiva del cibo, che incorpori aspetti valoriali relativi a sostenibilità e intercultura.
CONOSCENZE (SAPERE)	-Conoscere il significato di "dieta" e la piramide alimentare; -Conoscere le conseguenze che il proprio regime alimentare ha sull'ambiente, sulla società, oltre che sul proprio corpo; -Conoscere la correlazione tra: movimento e alimentazione; -Conoscere i cibi sostenibili.
RISORSE	**Umane:** Insegnante, Alunni **Materiali per aula:** LIM, PowerPoint, Computer, Cartoncini, Colori **Materiali per palestra:** Cerchi, Cartoncini, Delimitatori
METODOLOGIE DIDATTICHE	-Lezione Frontale; -Didattica Laboratoriale; -Cooperative Learning; -Brainstorming; -Lezione Partecipata.
VALUTAZIONE	**Valutazione diagnostica:** effettuata prima di intraprendere l'UDA ed è finalizzata a rilevare la situazione iniziale degli allievi sulle loro conoscenze e competenze già acquisite. **Valutazione formativa:** effettuata in itinere per rilevare come gli alunni recepiscono le nuove conoscenze: adeguare l'attività didattica alle esigenze. Si valutano gli alunni durante il lavoro e si valutano sulla partecipazione attiva e propositiva. **Valutazione sommativa:** effettuata per rilevare le conoscenze e le competenze a fine UDA.
STRUMENTI E RISORSE DI VALUTAZIONE	1. Osservazione; 2. Tabella di Valutazione; 3. Tabella di Autovalutazione dell'alunno.

Sessioni/Fasi di Lavoro	Tempo	Attività	Strumenti/Metodi
1	1 ORA	Presentazione dell'UDA e ipotesi relative alla realizzazione del prodotto. Attività di Brainstorming sulle abitudini alimentari dei ragazzi	Lezione Partecipata Brainstorming
2	1 ORA	Presentazione degli alunni del loro diario alimentare e costruzione di una Piramide Alimentare personalizzata	Flipped Classroom
3	2 ORE	Spiegazione da parte dell'insegnante sul concetto di Dieta e Piramide Alimentare. Assegnazione di un compito: "Disegna la tua Piramide" e successivo confronto con la Piramide Alimentare spiegata	Lezione Frontale LIM/PowerPoint Flipped Classroom
4		Valutazione in itinere: si valutano gli alunni durante il lavoro e su quanto fatto finora tramite griglie di osservazione	Griglia di Osservazione Seguente
5	1 ORA	Sperimentazione pratica in palestra: si propongono giochi in cui viene messo in associazione il movimento con il concetto di alimentazione sana.	Didattica Laboratoriale (Vedi Tabella Seguente)
6	1 ORA	Divisione in gruppi e rappresentazione su cartelloni da parte degli alunni sulla Piramide Alimentare	Cooperative Learning
7	2 ORE	Ricerca degli alunni, in classe, su internet dei cibi sostenibili e lezione sulle conseguenze che un regime alimentare errato può avere anche sull'ambiente	Lezione Partecipata LIM/PowerPoint
8		Valutazione finale degli alunni	Tabella seguente

ATTIVITA' DA POTER SVOLGERE IN PALESTRA	
IL SEMAFORO DELL'ALIMENTAZIONE	Gli alunni si dividono in 3 squadre le quali si sistemeranno in fila a fondocampo. Una fila per ogni squadra. Davanti ogni squadra, verranno sistemati 3 cerchi di colore diverso: cerchio rosso i cibi da mangiare in piccole quantità, cerchio giallo i cibi da mangiare in quantità moderate, cerchio verde i cibi che possono essere mangiati spesso. Al via dell'insegnante, i primi di ogni squadra correranno verso il centro del campo, nel quale sono stati sistemati dei cartoncini con sopra rappresentato graficamente l'alimento. Pescheranno casualmente l'alimento e lo andranno a posizionare nel cerchio corrispondente. La squadra che sistemerà più cartoncini in modo corretto otterrà il punto.
LA PIRAMIDE	L'insegnante creerà con i cerchi o con del nastro, una piramide per terra. Ad ogni alunno verrà assegnato un alimento. Al via dell'insegnante ogni alunno dovrà posizionarsi nel livello della Piramide corrispondente, in base alla frequenza con cui quell'alimento può essere mangiato (seguendo le linee guida della Piramide Alimentare studiata).

VALUTAZIONE IN ITINERE	
GRIGLIA DI OSSERVAZIONE	
INDICATORI	**FREQUENZA**
È coinvolto in modo attivo nelle attività proposte	0 1 2 3 4 5
È a conoscenza dell'importanza di assumere una corretta alimentazione	0 1 2 3 4 5
È incoraggiato ad esternare le proprie conoscenze	0 1 2 3 4 5
Ha una buona conoscenza della Piramide Alimentare e della su aorganizzazione	0 1 2 3 4 5
Si relaziona in modo rispettoso e propositivo nei confronti dei compagni	0 1 2 3 4 5
Conosce l'impatto che una cattiva alimentazione ha sul suo corpo e sull'ambiente	0 1 2 3 4 5
Lavora singolarmente o in gruppo alla risoluzione di problemi o per portare a termine le attività assegnate	0 1 2 3 4 5

TABELLA DI AUTOVALUTAZIONE				
Valutazione / Domande	TANTO	ABBASTANZA	POCO	PER NIENTE
Ho frequentato in modo propositivo alle lezioni proposte				
Ho imparato l'importanza che una sana alimentazione ah per il mio corpo				
Ho contribuito alle attività proponendo idee originali				
Ho ben chiaro in concetto di Piramide Alimentare				
Riesco a lavorare in gruppo in modo propositivo e senza prevaricare sugli altri				

Livelli → Indicatori ↓	10 e 9	8 e 7	6	5	4
Aspetto teorico	Conosce gli argomenti trattati in modo completo e dettagliato, utilizza in modo corretto la terminologia specifica. È in grado di collegare le conoscenze teoriche acquisite con gli aspetti operativi sperimentati.	Conosce discretamente i contenuti trattati e adotta un linguaggio generalmente appropriato. Sa cogliere i riferimenti teorici essenziali nello svolgimento delle attività.	Conosce e comprende i contenuti trattati nelle linee fondamentali, utilizza un lessico sufficientemente adeguato.	Conosce in modo parziale gli argomenti trattati e fa un uso impreciso ed approssimativo dei termini.	Mostra gravi lacune nella conoscenza degli argomenti trattati e l'esposizione e l'espressione sono carenti.
Aspetto motorio	Applica correttamente le regole di gioco indicate dall'insegnate. Rispetta gli spazi, le attrezzature e le regole di sicurezza in palestra.	Applica discretamente le regole di gioco indicate dall'insegnate. Rispetta in parte gli spazi, le attrezzature e le regole di sicurezza in palestra.	Applica superficialmente le regole di gioco indicate dall'insegnate. Rispetta poco gli spazi, le attrezzature e le regole di sicurezza in palestra.	Applica raramente le regole di gioco indicate dall'insegnate. Rispetta poco gli spazi, le attrezzature e le regole di sicurezza in palestra.	Non applica le regole di gioco indicate dall'insegnate. Non rispetta gli spazi, le attrezzature e le regole di sicurezza in palestra.
Aspetto comportamentale	Partecipa costantemente, in modo attivo e con elevato interesse. Svolge un ruolo positivo all'interno del gruppo coinvolgendo anche i compagni; sempre molto corretto e responsabile, si impegna con rigore e metodo.	Partecipa attivamente e in modo proficuo, collabora con i compagni e si impegna costantemente in modo adeguato. Generalmente è corretto e responsabile.	Partecipa in modo continuo ma poco attivo. Collabora con i compagni se sostenuto; si impegna in modo accettabile rispettando le regole stabilite.	Partecipa in modo discontinuo ed è poco disponibile alla collaborazione. Adotta un comportamento dispersivo o di disturbo e si impegna in modo superficiale e settoriale.	Partecipa saltuariamente e con poco interesse. Non collabora e si controlla con difficoltà; disturba di frequente e mostra notevoli carenze nell'impegno.

TEMA PORTANTE – BADMINTON

DENOMINAZIONE	Colpiamo il Volano
CICLO/CORSO	Gli utenti destinatari sono gli alunni di una classe Terza della Scuola secondaria di primo grado. La classe è composta da 16 alunni di cui 7 maschi e 9 femmine.
PERIODO ANNO SCOLASTICO	Dicembre – Gennaio - Febbraio
NUMERO TOTALE DI ORE	12 ore
ANALISI DEI BISOGNI	Nel gruppo classe, dai test motori effettuati e dalle esperienze pregresse, si denotano difficoltà coordinative, in particolare nella capacità di accoppiamento e combinazione motoria. Si sperimenta quindi il gioco del Badminton per migliorare e affinare questa capacità.
PRODOTTO FINALE	Scoprire attraverso una sperimentazione fatta di esercizi e gare, le caratteristiche principali del Badminton. Diffondere il gioco del Badminton esaltando gli aspetti formativi del gioco e proponendolo come strumento didattico.
PREREQUISITI	-Collaborazione e partecipazione attiva alla pratica; -Conoscere i valori sportivi (Fair Play); -Saper utilizzare la rete internet e gli strumenti informatici.
DISCIPLINA D'INTERESSE	Scienze Motorie e Sportive
COMPETENZE CHIAVE EUROPEE	• *Competenza sociale e civica;* • *Competenza personale, sociale e capacità di imparare ad imparare;* • *Competenza digitale.*
COMPETENZE CHIAVE DI CITTADINANZA	• *Partecipare e collaborare;* • *Comunicare;* • *Imparare ad imparare;* • *Agire in modo autonomo e responsabile.*
TRAGUARDO DI SVILUPPO DELLE COMPETENZE	-Controllo del corpo in relazione alle modificazioni spazio-temporali; -L'alunno padroneggia gli elementi tecnici e regolamentari del badminton; -Rispettare i valori sportivi (Fair Play) e applicarli alla pratica del Badminton; -Svolgere un ruolo attivo mettendo in atto comportamenti collaborativi per raggiungere l'obiettivo comune.
NUCLEO FONDANTE	Lo sport, le regole e il Fair Play

ABILITÀ (SAPER FARE)	-Saper riconoscere e riprodurre i gesti tecnici del Badminton rispettando le strutture spaziali e temporali del movimento; -Saper applicare azioni di movimento per risolvere le situazioni di gioco; -L'alunno riconosce e padroneggia gli elementi tecnici e regolamentari del badminton attraverso modalità gioco-sport e le capacità coordinative tipiche dello sport.
CONOSCENZE (SAPERE)	-Conoscere i gesti tecnici fondamentali del Badminton sia individuali che di squadra; -Conoscere la terminologia delle azioni del Badminton, del suo regolamento e dei gesti arbitrali; -Conoscere le normative di sicurezza e prevenzione dei rischi e degli infortuni in palestra; -Conoscere gli elementi relativi all'orientamento nello spazio dell'azione motoria.
RISORSE	**Umane:** Insegnante, Alunni **Materiali per aula:** LIM, Video, PowerPoint, Computer **Materiali per palestra:** Racchette, Volano, Cerchi, Delimitatori, Palloncini
METODOLOGIE DIDATTICHE	-Peer Tutoring; -Didattica Laboratoriale; -Cooperative Learning; -Flipped Classroom; -Lezione Partecipata.
VALUTAZIONE	**Valutazione diagnostica:** effettuata prima di intraprendere l'UDA ed è finalizzata a rilevare la situazione iniziale degli allievi sulle loro conoscenze e competenze già acquisite. **Valutazione formativa:** effettuata in itinere per rilevare come gli alunni recepiscono le nuove conoscenze: adeguare l'attività didattica alle esigenze. Si valutano gli alunni durante il lavoro e si valutano sulla partecipazione attiva e propositiva. **Valutazione sommativa:** effettuata per rilevare le conoscenze e le competenze a fine UDA.
STRUMENTI E RISORSE DI VALUTAZIONE	1. Osservazione; 2. Tabella di Valutazione; 3. Tabella di Autovalutazione dell'alunno.

Sessioni/Fasi di Lavoro	Tempo	Attività	Strumenti/Metodi
1	2 ORE	Presentazione dell'UDA, spiegazione del prodotto e valutazione diagnostica in palestra per valutare il punto di partenza degli alunni con i fondamentali del badminton (clear, drop, drive, ecc...)	Lezione Partecipata Didattica Laboratoriale
2	1 ORA	Spiegazione da parte dell'insegnante delle normative di sicurezza e prevenzione dei rischi e degli infortuni da attuare in palestra	Lezione Partecipata LIM/PowerPoint
3	1 ORA	Presentazione PowerPoint sulle caratteristiche del Badminton e del suo regolamento	Lezione Partecipata LIM/PowerPoint
4	2 ORE	Esercitazione in palestra per lo sviluppo dei fondamentali legati al gioco del Badminton. Esecuzione di esercizi propedeutici individuali e/o in coppia	Didattica Laboratoriale
5	2 ORE	Gli alunni verranno divisi in gruppi e ogni gruppo avrà un Leader. Ogni gruppo farà una ricerca sugli sport con le racchette e delle differenze con il Badminton (Ping-pong, padel, tennis, ecc...). Discussione in classe da parte dei gruppi sui lavori precedentemente svolti.	Peer Tutoring Cooperative Learning
6		Valutazione in itinere: si valutano gli alunni durante il lavoro e su quanto fatto finora tramite griglie di osservazione	Griglia di Valutazione Seguente
7	2 ORE	Esercitazione in palestra per lo sviluppo dei fondamentali legati al concetto di attacco e difesa del gioco del Badminton. Esecuzione di esercizi propedeutici individuali e/o in coppia	Didattica Laboratoriale
8	2 ORE	Sperimentazione pratica di una partita di Badminton	Didattica Laboratoriale
9		Valutazione finale degli alunni	Tabella seguente

ATTIVITA' PROPEDEUTICHE DA POTER SVOLGERE IN PALESTRA	
TIRARE IL PALLONCINO	Gli allievi si spostano liberamente nello spazio ognuno con una palla in mano o un palloncino. Gli alunni dovranno correre per il campo e lanciarlo in area senza MAI farlo cadere per terra.
COLPIRE IL BERSAGLIO	Gli allievi cercano di colpire, con un volano o qualsiasi altra palla, un cassone, un cerchio o un bersaglio disegnato sul muro da diverse distanze. Vince chi arriva prima a __ PUNTI.
SEMPRE MENO VOLANI	Due gruppi sono uno di fronte all'altro in un campo da badminton con la rete tesa. All'inizio, ciascuno dei gruppi ha 20 o più volani nel suo campo. Al segnale del docente, tutti gli allievi hanno un minuto per lanciare i volani nel campo avversario. Vince la squadra che dopo un minuto ha meno volani nel campo (se non si hanno i volani si può utilizzare qualsiasi altra pallina e se non si ha una rete da badminton si può prendere di riferimento una linea tracciata per terra).
PRENDILO AL VOLO	Gli alunni formeranno una fila in una metà campo (tutti muniti di racchetta) mentre, dall'altra parte del campo, oltre la rete, l'insegnante avrà i volani. L'insegnante dovrà lanciare i volani dall'altra parte della rete e l'alunno dovrà cercare di prenderlo al volo e rimandarlo all'insegnante.

VALUTAZIONE IN ITINERE
GRIGLIA DI OSSERVAZIONE

INDICATORI	FREQUENZA
È coinvolto in modo attivo nelle attività proposte	0 1 2 3 4 5
Si orienta bene e prontamente nello spazio anche in situazioni poco note	0 1 2 3 4 5
Utilizza correttamente i fondamentali nelle dinamiche di gioco mettendo in atto collaborazione e autocontrollo	0 1 2 3 4 5
Si relaziona in modo rispettoso e propositivo nei confronti dei compagni	0 1 2 3 4 5
Conosce e mette in pratica i fondamentali del gioco del Badminton	0 1 2 3 4 5
Lavora singolarmente o in gruppo alla risoluzione di problemi	0 1 2 3 4 5
Riesci a percepire il proprio corpo in situazioni statiche e dinamiche	0 1 2 3 4 5

TABELLA DI AUTOVALUTAZIONE

Domande \ Valutazione	😃 TANTO	🙂 ABBASTANZA	☹️ POCO	😟 PER NIENTE
Ho frequentato in modo propositivo alle lezioni proposte				
Riesco ad orientarmi in modo corretto all'interno del campo di gioco				
Ho ben chiaro i concetti e le tematiche trattate				
Ho una buona capacità di gestire lo stress nelle situazioni di gioco				
Ho chiari i fondamentali del gioco del Badminton				
Sono capace di collaborare in modo costruttivo all'interno di un gruppo senza imporre la mia volontà sugli altri				

Livelli → Indicatori ↓	10 e 9	8 e 7	6	5	4
Aspetto teorico	Conosce gli argomenti trattati in modo completo e dettagliato, utilizza in modo corretto la terminologia specifica. È in grado di collegare le conoscenze teoriche acquisite con gli aspetti operativi sperimentati.	Conosce discretamente i contenuti trattati e adotta un linguaggio generalmente appropriato. Sa cogliere i riferimenti teorici essenziali nello svolgimento delle attività.	Conosce e comprende i contenuti trattati nelle linee fondamentali, utilizza un lessico sufficientemente adeguato.	Conosce in modo parziale gli argomenti trattati e fa un uso impreciso ed approssimativo dei termini.	Mostra gravi lacune nella conoscenza degli argomenti trattati e l'esposizione e l'espressione sono carenti.
Aspetto motorio	Applica correttamente le regole di gioco indicate dall'insegnate rispettando i valori sportivi. Rispetta gli spazi, le attrezzature e le regole di sicurezza in palestra.	Applica discretamente le regole di gioco indicate dall'insegnate rispettando i valori sportivi. Rispetta in parte gli spazi, le attrezzature e le regole di sicurezza in palestra.	Applica superficialmente le regole di gioco indicate dall'insegnate rispettando in parte i valori sportivi. Rispetta poco gli spazi, le attrezzature e le regole di sicurezza in palestra.	Applica raramente le regole di gioco indicate dall'insegnate non rispettando i valori sportivi. Rispetta poco gli spazi, le attrezzature e le regole di sicurezza in palestra.	Non applica le regole di gioco indicate dall'insegnate non rispettando i valori sportivi. Non rispetta gli spazi, le attrezzature e le regole di sicurezza in palestra.
Aspetto comportamentale	Partecipa costantemente, in modo attivo e con elevato interesse. Svolge un ruolo positivo all'interno del gruppo coinvolgendo anche i compagni; sempre molto corretto e responsabile, si impegna con rigore e metodo.	Partecipa attivamente e in modo proficuo, collabora con i compagni e si impegna costantemente in modo adeguato. Generalmente è corretto e responsabile.	Partecipa in modo continuo ma poco attivo. Collabora con i compagni se sostenuto; si impegna in modo accettabile rispettando le regole stabilite.	Partecipa in modo discontinuo ed è poco disponibile alla collaborazione. Adotta un comportamento dispersivo o di disturbo e si impegna in modo superficiale e settoriale.	Partecipa saltuariamente e con poco interesse. Non collabora e si controlla con difficoltà; disturba di frequente e mostra notevoli carenze nell'impegno.

TEMA PORTANTE – CALCIO A 11

DENOMINAZIONE	Calciamo il Razzismo
CICLO/CORSO	Gli utenti destinatari sono gli alunni di una classe Seconda della Scuola secondaria di primo grado. La classe è composta da 19 alunni di cui 11 maschi e 8 femmine.
PERIODO ANNO SCOLASTICO	Ottobre - Novembre
NUMERO TOTALE DI ORE	12 ore
ANALISI DEI BISOGNI	Nel gruppo classe emergono spesso problemi relazionali, tra cui in modo preoccupante anche fenomeni di razzismo che si manifestano attraverso atteggiamenti e pregiudizi verso alcuni compagni. Queste dinamiche non solo creano un ambiente ostile e non inclusivo, ma impediscono anche agli studenti di sentirsi accettati e valorizzati per ciò che sono, influenzando negativamente sia il loro benessere emotivo che il loro rendimento scolastico.
PRODOTTO FINALE	Sensibilizzare gli alunni sul concetto di inclusione e razzismo utilizzando il calcio come strumento didattico.
PREREQUISITI	-Collaborazione all'interno del gruppo squadra; -Utilizzare gli schemi motori di base per partecipare ai giochi sportivi proposti comprendendone la struttura di gioco (campo, tempo, attrezzi, giocatori).
DISCIPLINA D'INTERESSE	Scienze Motorie e Sportive
COMPETENZE CHIAVE EUROPEE	• *Competenza personale, sociale e capacità di imparare ad imparare;* • *Competenza sociale e civica.*
COMPETENZE CHIAVE DI CITTADINANZA	• *Partecipare e collaborare;* • *Agire in modo autonomo e responsabile;* • *Imparare ad imparare.*
TRAGUARDO DI SVILUPPO DELLE COMPETENZE	-Sensibilizzare gli studenti sul valore inclusivo ed educativo dello Sport; -Utilizzare i gesti tecnici e le strategie del gioco del calcio; -Sensibilizzare gli studenti al concetto di razzismo in associazione al mondo dello sport.
NUCLEO FONDANTE	Lo sport, le regole e il Fair Play
ABILITÀ (SAPER FARE)	-Gestire in modo consapevole le abilità specifiche riferite alle situazioni tecniche e tattiche dello sport del calcio;

	-Relazionarsi positivamente con il gruppo rispettandone le diversità culturali; -Saper gestire in modo consapevole le situazioni competitive; -Relazionarsi positivamente con il gruppo rispettando le diverse capacità e caratteristiche personali.
CONOSCENZE (SAPERE)	-Conoscere i gesti fondamentali del gioco del calcio; -Fair Play e Razzismo; -Conoscere le modalità relazionali per valorizzare differenze di ruoli e favorire l'inclusione al fine di raggiungere un obiettivo comune.
RISORSE	**Umane:** Insegnante, Alunni **Materiali per aula:** PowerPoint, Computer, LIM **Materiali per palestra:** Palloni, Porte, Cerchi, Delimitatori, Coni
METODOLOGIE DIDATTICHE	-Didattica Laboratoriale; -Lezione Frontale; -Lezione Partecipata; -Cooperative Learning; -Flipped Classroom.
VALUTAZIONE	**Valutazione diagnostica:** effettuata prima di intraprendere l'UDA ed è finalizzata a rilevare la situazione iniziale degli allievi sulle loro conoscenze e competenze già acquisite. **Valutazione formativa:** effettuata in itinere per rilevare come gli alunni recepiscono le nuove conoscenze: adeguare l'attività didattica alle esigenze. Si valutano gli alunni durante il lavoro e si valutano sulla partecipazione attiva e propositiva. **Valutazione sommativa:** effettuata per rilevare le conoscenze e le competenze a fine UDA.
STRUMENTI E RISORSE DI VALUTAZIONE	1. Osservazione; 2. Tabella di Valutazione; 3. Tabella di Autovalutazione dell'alunno.

Sessioni/Fasi di Lavoro	Tempo	Attività	Strumenti/Metodi
1	1 ORA	Presentazione dell'UDA tramite foto e video legati al mondo del calcio e al razzismo. Discussione in classe con gli alunni sulle emozioni e sensazioni suscitate	Lezione Partecipata
2	1 ORA	Presentazione in PowerPoint da parte dell'insegnante sulle regole principali del gioco del calcio e sui suoi fondamentali	Lezione Partecipata LIM/PowerPoint
3	2 ORE	Attività pratica in palestra: divisione in piccoli gruppi e realizzazione di esercizi di propedeutica al calcio, nello specifico sui fondamentali del passaggio e del tiro	Didattica Laboratoriale
4	2 ORE	Assegnazione di un compito agli alunni: ciascuno ricerca e raccoglie informazioni su eventi di razzismo nel mondo del calcio e, successivamente se ne discute in classe	Flipped Classroom
5	2 ORE	Sperimentazione pratica in palestra per capire il ruolo adatto ad ogni alunno nel gioco del calcio	Didattica Laboratoriale Cooperative Learning
6		Valutazione in itinere: si valutano gli alunni durante il lavoro e su quanto fatto finora tramite griglie di osservazione	Griglia di Valutazione Seguente
7	2 ORE	Sperimentazione pratica in palestra di una partita applicando le regole studiate del gioco del calcio e mettendo in atto i valori del Fair Play. In questa fase si attua anche un'autovalutazione "Quanto ho messo in atto i valori del Fair Play?"	Didattica Laboratoriale Cooperative Learning Autovalutazione "Tabella Seguente"
8	2 ORE	Visione in aula del Film "Race: il colore della vittoria" e discussione in classe	Lezione Partecipata LIM
9		Valutazione finale degli alunni	Tabella seguente

ATTIVITA' PROPEDEUTICHE DA POTER SVOLGERE IN PALESTRA	
FILE INDIANE	Gli alunni vengono sistemati in 3 file e si posizioneranno a fondocampo. Solo la fila centrale avrà il pallone. Al via i primi di ogni fila partono verso la porta passandosi il pallone. Arrivati in fondo, chi avrà il pallone tra i piedi, dovrà tirare verso la porta. Dopo il tiro si cambia fila.
PROTEGGI LA PORTA	Gli alunni vengono divisi a coppie, un pallone per coppia, ogni giocatore difende una porta (larga 2m). Si svolge un'attività di tiro 1VS1 alternato nel quale ogni giocatore ha l'obbligo di rimanere all'interno della propria metà campo (definita attraverso dei cinesini). Il giocatore in possesso di palla può muoversi liberamente all'interno della sua metà campo scegliendo la posizione dalla quale cercare di fare goal.
DAI E VAI	Gli alunni si sistemano in fila tutti con una palla. L'insegnante crea un circuito a sua scelta. Al via dell'insegnante il primo della fila effettua il percorso e, arrivato alla fine, passerà il pallone all'insegnante il quale ritornerà il pallone all'alunno che dovrà calciare in porta. Dopo il tiro torna in fila.

TABELLA DI AUTOVALUTAZIONE PER GLI ALUNNI

INDICATORI	FREQUENZA
Ho rispettato le regole di gioco	0 1 2 3 4 5
Ho rispettato i miei compagni di squadra	0 1 2 3 4 5
Ho rispettato i miei avversari	0 1 2 3 4 5
Ho rispettato le scelte dall'arbitro (insegnante)	0 1 2 3 4 5
Ho collaborato all'interno della mia squadra	0 1 2 3 4 5
Ho giocato in maniera onesta	0 1 2 3 4 5
Sono soddisfatto degli obiettivi raggiunti	0 1 2 3 4 5
Ho compreso il valore dell'inclusione nel mondo dello sport	0 1 2 3 4 5
Quanto ho messo in atto i valori del Fair Play? _____ _____ _____ _____	

VALUTAZIONE IN ITINERE

GRIGLIA DI OSSERVAZIONE

INDICATORI	FREQUENZA
È coinvolto in modo attivo nelle attività proposte	0 1 2 3 4 5
Gioca in maniera onesta rispettando regole, compagni e avversari	0 1 2 3 4 5
Riesce ad accettare la sconfitta	0 1 2 3 4 5
Ha ben chiaro il concetto di razzismo	0 1 2 3 4 5
Utilizza correttamente i fondamentali nelle dinamiche di gioco	0 1 2 3 4 5
Riesce a collaborare all'interno della sua squadra	0 1 2 3 4 5
Conosce e mette in pratica i fondamentali del gioco	0 1 2 3 4 5
Riesci a percepire il proprio corpo in situazioni statiche e dinamiche	0 1 2 3 4 5
Conosce e mette in pratica le regole del Fair Play	0 1 2 3 4 5

Livelli → / Indicatori ↓	10 e 9	8 e 7	6	5	4
Aspetto teorico	Conosce gli argomenti trattati in modo completo e dettagliato, utilizza in modo corretto la terminologia specifica. È in grado di collegare le conoscenze teoriche acquisite con gli aspetti operativi sperimentati.	Conosce discretamente i contenuti trattati e adotta un linguaggio generalmente appropriato. Sa cogliere i riferimenti teorici essenziali nello svolgimento delle attività.	Conosce e comprende i contenuti trattati nelle linee fondamentali, utilizza un lessico sufficientemente adeguato.	Conosce in modo parziale gli argomenti trattati e fa un uso impreciso ed approssimativo dei termini.	Mostra gravi lacune nella conoscenza degli argomenti trattati e l'esposizione e l'espressione sono carenti.
Aspetto motorio	Applica correttamente le regole di gioco indicate dall'insegnate rispettando i valori sportivi. Rispetta gli spazi, le attrezzature e le regole di sicurezza in palestra.	Applica discretamente le regole di gioco indicate dall'insegnate rispettando i valori sportivi. Rispetta in parte gli spazi, le attrezzature e le regole di sicurezza in palestra.	Applica superficialmente le regole di gioco indicate dall'insegnate rispettando in parte i valori sportivi. Rispetta poco gli spazi, le attrezzature e le regole di sicurezza in palestra.	Applica raramente le regole di gioco indicate dall'insegnate non rispettando i valori sportivi. Rispetta poco gli spazi, le attrezzature e le regole di sicurezza in palestra.	Non applica le regole di gioco indicate dall'insegnate non rispettando i valori sportivi. Non rispetta gli spazi, le attrezzature e le regole di sicurezza in palestra.
Aspetto comportamentale	Partecipa costantemente, in modo attivo e con elevato interesse. Svolge un ruolo positivo all'interno del gruppo coinvolgendo anche i compagni; sempre molto corretto e responsabile, si impegna con rigore e metodo.	Partecipa attivamente e in modo proficuo, collabora con i compagni e si impegna costantemente in modo adeguato. Generalmente è corretto e responsabile.	Partecipa in modo continuo ma poco attivo. Collabora con i compagni se sostenuto; si impegna in modo accettabile rispettando le regole stabilite.	Partecipa in modo discontinuo ed è poco disponibile alla collaborazione. Adotta un comportamento dispersivo o di disturbo e si impegna in modo superficiale e settoriale.	Partecipa saltuariamente e con poco interesse. Non collabora e si controlla con difficoltà; disturba di frequente e mostra notevoli carenze nell'impegno.

TEMA PORTANTE – CAPACITA' COORDINATIVE

DENOMINAZIONE	CoordinAzione
CICLO/CORSO	Gli utenti destinatari sono gli alunni di una classe Terza della Scuola secondaria di primo grado. La classe è composta da 18 alunni di cui 10 maschi e 8 femmine.
PERIODO ANNO SCOLASTICO	Aprile
NUMERO TOTALE DI ORE	8 ore
ANALISI DEI BISOGNI	Nel gruppo classe, dai test motori effettuati è emerso che, soprattutto il gruppo dei maschi, ha delle carenze dal punto di vista delle Capacità Motorie Coordinative e scarso controllo del proprio corpo in movimento.
PRODOTTO FINALE	Favorire un armonico sviluppo agendo sull'area motoria della personalità tramite il miglioramento delle capacità coordinative. Rendere l'alunno cosciente della propria corporeità rendendolo padrone dal punto di vista motorio.
PREREQUISITI	-Avere una conoscenza di base del proprio corpo; -Conoscenza di base delle terminologie dei movimenti; -Saper osservare e raccontare quanto osservato; -Conoscere i sistemi e gli apparati coinvolti nel movimento, con particolare riferimento agli organi di senso.
DISCIPLINA D'INTERESSE	Scienze Motorie e Sportive
COMPETENZE CHIAVE EUROPEE	• *Competenza sociale e civica;* • *Competenza personale, sociale e capacità di imparare ad imparare.*
COMPETENZE CHIAVE DI CITTADINANZA	• *Partecipare e collaborare;* • *Risolvere i problemi;* • *Agire in modo autonomo e responsabile.*
TRAGUARDO DI SVILUPPO DELLE COMPETENZE	-Rielaborare gli schemi motori eseguendo correttamente l'azione motoria; -Sviluppare e migliorare le capacità coordinative; -Organizzare e controllare il movimento; -Elaborare la risposta motoria più appropriata discriminando attraverso gli organi di senso le sensazioni che giungono dall'esterno e dall'interno del corpo; -Eseguire movimenti semplici o una serie di movimenti con fluidità e armonia con minor dispendio di energia.
NUCLEO FONDANTE	Il corpo e la sua relazione con lo spazio e il tempo

ABILITÀ (SAPER FARE)	-Sapersi muovere all'interno di uno spazio ben definito e in un dato contesto; -Saper rappresentare mentalmente i gesti motori e saperli riprodurli nella pratica; -Mantenere equilibrio statici, dinamici e in volo; -Sapersi coordinare a livello globale nell'eseguire un circuito.
CONOSCENZE (SAPERE)	-Conoscere il sistema muscolare e i muscoli coinvolti in relazione ai movimenti; -Conoscenza delle capacità coordinative; -Conoscere i concetti temporali e spaziali.
RISORSE	**Umane:** Insegnante, Alunni **Materiali per aula:** LIM, PowerPoint, Libro di Testo, Computer, Video **Materiali per palestra:** Palloni, Coni, Cerchi, Materassini, Funicella, Delimitatori
METODOLOGIE DIDATTICHE	-Didattica Laboratoriale; -Cooperative Learning; -Lezione Partecipata.
VALUTAZIONE	**Valutazione diagnostica:** effettuata prima di intraprendere l'UDA ed è finalizzata a rilevare la situazione iniziale degli allievi sulle loro conoscenze e competenze già acquisite. **Valutazione formativa:** effettuata in itinere per rilevare come gli alunni recepiscono le nuove conoscenze: adeguare l'attività didattica alle esigenze. Si valutano gli alunni durante il lavoro e si valutano sulla partecipazione attiva e propositiva. **Valutazione sommativa:** effettuata per rilevare le conoscenze e le competenze a fine UDA.
STRUMENTI E RISORSE DI VALUTAZIONE	1. Osservazione; 2. Tabella di Valutazione; 3. Tabella di Autovalutazione dell'alunno.

Sessioni/Fasi di Lavoro	Tempo	Attività	Strumenti/Metodi
1	1 ORA	Presentazione dell'UDA e spiegazione del prodotto. L'insegnante spiega l'argomento delle Capacità Motorie	Lezione Frontale LIM/PowerPoint
2	1 ORA	Divisione in gruppi. L'insegnante assegna a ciascun gruppo una Capacità Motoria e ciascun gruppo dovrà ricercare 3 esercizi per lavorare su quella capacità	Cooperative Learning
3	2 ORE	Sperimentazione pratica in palestra sugli esercizi ricercati dagli alunni precedentemente e discussione finale su quanto ricercato	Didattica Laboratoriale
4		Valutazione in itinere: si valutano gli alunni durante il lavoro e su quanto fatto finora tramite griglie di osservazione	Griglia di Valutazione Seguente
5	2 ORE	Attività in palestra: l'insegnante propone attività di manipolazione della palla. "Giocare la palla con le mani" evidenzia macroscopicamente la tridimensionalità dello spazio (altezza, lunghezza, profondità). La palla aumenta le creatività e la fantasia motoria individuale, stimola l'intelligenza motoria, favorisce il controllo del proprio corpo, può essere fatta rotolare, portata, manipolata, pizzicata, lanciata, palleggiata, tirata	Didattica Laboratoriale
6	2 ORE	Attività in palestra: l'insegnante propone percorsi motori con elementi coordinativi	Didattica Laboratoriale
7		Valutazione finale degli alunni	Tabella seguente

VALUTAZIONE IN ITINERE	
GRIGLIA DI OSSERVAZIONE	
INDICATORI	FREQUENZA
È coinvolto in modo attivo nelle attività proposte	0 1 2 3 4 5
Ha una buona conoscenza del proprio corpo	0 1 2 3 4 5
Riesce ad orientarsi in maniera coordinata nello spazio	0 1 2 3 4 5
Assume un comportamento positivo nei confronti dei compagni	0 1 2 3 4 5
Ha una buona conoscenza delle terminologie dei movimenti corporei	0 1 2 3 4 5
Riesce ad organizzare e controllare il movimento in maniera efficace ed efficiente	0 1 2 3 4 5
Riesce ad essere un buon leader all'interno del gruppo	0 1 2 3 4 5
Ha una buona conoscenza degli organi di senso	0 1 2 3 4 5
Riesci a percepire il proprio corpo in situazioni statiche e dinamiche	0 1 2 3 4 5

TABELLA DI AUTOVALUTAZIONE

Domande \ Valutazione	😀 TANTO	🙂 ABBASTANZA	☹️ POCO	😟 PER NIENTE
Ho frequentato in modo propositivo alle lezioni proposte				
Riesco ad orientarmi in modo corretto anche in situazioni di difficoltà				
Ho ben chiaro i concetti e le tematiche trattate				
Ho una buona coordinazione				
Ho un comportamento positivo nei confronti dei compagni				
Sono capace di collaborare in modo costruttivo all'interno di un gruppo				

Livelli → Indicatori ↓	10 e 9	8 e 7	6	5	4
Aspetto teorico	Conosce gli argomenti trattati in modo completo e dettagliato, utilizza in modo corretto la terminologia specifica. È in grado di collegare le conoscenze teoriche acquisite con gli aspetti operativi sperimentati.	Conosce discretamente i contenuti trattati e adotta un linguaggio generalmente appropriato. Sa cogliere i riferimenti teorici essenziali nello svolgimento delle attività.	Conosce e comprende i contenuti trattati nelle linee fondamentali, utilizza un lessico sufficientemente adeguato.	Conosce in modo parziale gli argomenti trattati e fa un uso impreciso ed approssimativo dei termini.	Mostra gravi lacune nella conoscenza degli argomenti trattati e l'esposizione e l'espressione sono carenti.
Aspetto motorio	Si muove in modo coordinato nello spazio e ha un ottimo controllo del suo corpo. Rispetta gli spazi, le attrezzature e le regole di sicurezza in palestra.	Si muove discretamente in modo coordinato nello spazio e ha un discreto controllo del suo corpo. Rispetta in parte gli spazi, le attrezzature e le regole di sicurezza in palestra.	Si muove sufficientemente in modo coordinato nello spazio e ha un sufficiente controllo del suo corpo. Rispetta poco gli spazi, le attrezzature e le regole di sicurezza in palestra.	Si muove con difficoltà in modo coordinato nello spazio e non ha un ottimo controllo del suo corpo. Rispetta poco gli spazi, le attrezzature e le regole di sicurezza in palestra.	Non si muove in modo coordinato nello spazio e non ha un ottimo controllo del suo corpo. Non rispetta gli spazi, le attrezzature e le regole di sicurezza in palestra.
Aspetto comportamentale	Partecipa costantemente, in modo attivo e con elevato interesse. Svolge un ruolo positivo all'interno del gruppo coinvolgendo anche i compagni; sempre molto corretto e responsabile, si impegna con rigore e metodo.	Partecipa attivamente e in modo proficuo, collabora con i compagni e si impegna costantemente in modo adeguato. Generalmente è corretto e responsabile.	Partecipa in modo continuo ma poco attivo. Collabora con i compagni se sostenuto; si impegna in modo accettabile rispettando le regole stabilite.	Partecipa in modo discontinuo ed è poco disponibile alla collaborazione. Adotta un comportamento dispersivo o di disturbo e si impegna in modo superficiale e settoriale.	Partecipa saltuariamente e con poco interesse. Non collabora e si controlla con difficoltà; disturba di frequente e mostra notevoli carenze nell'impegno.

TEMA PORTANTE – GOALBALL

DENOMINAZIONE	Giochiamo al Buio
CICLO/CORSO	Gli utenti destinatari sono gli alunni di una classe Seconda della Scuola secondaria di primo grado. La classe è composta da 22 alunni di cui 12 maschi e 10 femmine. Nella classe è presente un'alunna con deficit sensoriale: ipovedente di tipo medio.
PERIODO ANNO SCOLASTICO	Marzo
NUMERO TOTALE DI ORE	8 ore
ANALISI DEI BISOGNI	La classe risulta unita e compatta, propositiva rispetto alle nuove proposte didattiche. Nella classe però, è presente un'alunna con disabilità visiva e spesso in alcune attività tende ad isolarsi. Si propone questo sport proprio per conoscere la grande potenzialità dello sport facendo sentire tutti compresi e inclusi.
PRODOTTO FINALE	Diffondere la cultura dell'Attività Sportiva proponendo il gioco del Goalball come strumento didattico e di inclusione sociale.
PREREQUISITI	-Essere a conoscenza dei valori sportivi, inclusi quelli di fratellanza e inclusione; -Saper collaborare all'interno di un gruppo squadra; -Intervenire in maniera propositiva nel lavoro di classe apportando il proprio contributo.
DISCIPLINA D'INTERESSE	Scienze Motorie e Sportive
COMPETENZE CHIAVE EUROPEE	• Competenza sociale e civica; • Consapevolezza ed espressione culturale; • Competenza personale, sociale e capacità di imparare ad imparare.
COMPETENZE CHIAVE DI CITTADINANZA	• Partecipare e collaborare; • Comunicare; • Progettare; • Risolvere i problemi; • Agire in modo autonomo e responsabile.
TRAGUARDO DI SVILUPPO DELLE COMPETENZE	-Utilizzare i gesti tecnici e le strategie del Goalball; -Sensibilizzare gli studenti sul valore inclusivo ed educativo dello Sport; -Saper percepire il proprio corpo in situazioni statiche e dinamiche; -Sviluppo delle capacità sensopercettive.

NUCLEO FONDANTE	Lo sport, le regole e il Fair Play
ABILITÀ (SAPER FARE)	-Saper orientarsi nello spazio tramite il suono; -Saper integrare gli alunni con disabilità nel contesto classe e nei vari gruppi di lavoro finalizzati alla pratica; -Adattare l'azione dei diversi segmenti corporei in situazioni di equilibrio e disequilibrio; -Controllo del corpo in relazione alle modificazioni spazio-temporali.
CONOSCENZE (SAPERE)	-Conoscere i fondamentali dello sport del Goalball; -Conoscere lo sport del Goalball e le regole annesse anche in relazione all'arbitraggio; -Conoscere, combinare e utilizzare gli schemi motori di base in ambito sportivo; -Conoscere e discriminare le diverse percezioni sensoriali.
RISORSE	**Umane:** Insegnante, Alunni **Materiali per aula:** LIM, PowerPoint, Computer **Materiali per palestra:** Palla sonora, Bende oculari, Materassini, Coni, Delimitatori
METODOLOGIE DIDATTICHE	-Didattica Laboratoriale; -Cooperative Learning; -Lezione Partecipata.
VALUTAZIONE	**Valutazione diagnostica:** effettuata prima di intraprendere l'UDA ed è finalizzata a rilevare la situazione iniziale degli allievi sulle loro conoscenze e competenze già acquisite. **Valutazione formativa:** effettuata in itinere per rilevare come gli alunni recepiscono le nuove conoscenze: adeguare l'attività didattica alle esigenze. Si valutano gli alunni durante il lavoro e si valutano sulla partecipazione attiva e propositiva. **Valutazione sommativa:** effettuata per rilevare le conoscenze e le competenze a fine UDA.
STRUMENTI E RISORSE DI VALUTAZIONE	1. Osservazione; 2. Tabella di Valutazione; 3. Tabella di Autovalutazione dell'alunno.

Sessioni/Fasi di Lavoro	Tempo	Attività	Strumenti/Metodi
1	1 ORA	Presentazione dell'UDA e spiegazione del prodotto. Spiegazione tramite PowerPoint sulle Paralimpiadi e sullo sport Paralimpico Goalball. L'insegnante cerca di stimolare le conoscenze già possedute dagli alunni e le aspettative nei confronti del tema che verrà trattato	Lezione Partecipata LIM/PowerPoint
2	1 ORA	Attività pratica in palestra con l'esecuzione di giochi in coppia e/o di gruppo per aumentare la fiducia reciproca	Didattica Laboratoriale Cooperative Learning
3	1 ORA	Giochi didattici i quali vadano ad affinare udito e tatto (ad esempio tenendo gli occhi chiusi) utilizzando segnali sonori come fischietto o voce	Didattica Laboratoriale Cooperative Learning
4	2 ORE	Sperimentazione pratica dei gesti fondamentali del Goalball proponendo i movimenti di difesa e attacco con l'utilizzo di palle sonore e bende oculari	Didattica Laboratoriale
5		Valutazione in itinere: si valutano gli alunni durante il lavoro e su quanto fatto finora tramite griglie di osservazione	Griglia di Valutazione Seguente
6	2 ORE	Sperimentazione pratica di una partita di Goalball	Didattica Laboratoriale
7	1 ORA	Raccolta di commenti sullo sforzo richiesto per affrontare le attività, livello di difficoltà incontrato e adeguatezza delle risposte motorie individuali. Attività di riflessione sulle attività svolte con raccolta di impressioni, commenti e osservazioni	Lezione Partecipata
8		Valutazione finale degli alunni	Tabella seguente

TABELLA DI AUTOVALUTAZIONE

Domande \ Valutazione	😀 TANTO	🙂 ABBASTANZA	☹️ POCO	😧 PER NIENTE
Riesco a collaborare con i miei compagni di squadra per portare a termine i compiti				
Ho frequentato in modo propositivo alle lezioni proposte				
Riesco ad orientarmi bene nonostante le difficoltà di questo sport				
Ho recepito a fondo le regole e i fondamentali di questo sport				
Sono capace di coinvolgere i miei compagni con difficoltà				
Ho un comportamento positivo nei confronti dei compagni				

VALUTAZIONE IN ITINERE

GRIGLIA DI OSSERVAZIONE

INDICATORI	FREQUENZA
È coinvolto in modo attivo nelle attività proposte	0 1 2 3 4 5
Riesce a coinvolgere i compagni con difficoltà	0 1 2 3 4 5
Ha una buona conoscenza degli schemi motori di base in ambito sportivo	0 1 2 3 4 5
Si orienta bene e prontamente nello spazio anche con le difficoltà annesse da questa attività	0 1 2 3 4 5
Si relaziona in modo rispettoso e propositivo nei confronti dei compagni	0 1 2 3 4 5
Utilizza correttamente i fondamentali del gioco	0 1 2 3 4 5
Ha una buona conoscenza dei valori sportivi, inclusi quelli di fratellanza e inclusione	0 1 2 3 4 5
Accetta e rispetta le idee del prossimo	0 1 2 3 4 5
Riesci a percepire il proprio corpo in situazioni di difficoltà	0 1 2 3 4 5
Lavora in gruppo alla risoluzione di problemi o per portare a termine le attività	0 1 2 3 4 5

Livelli → / Indicatori ↓	10 e 9	8 e 7	6	5	4
Aspetto teorico	Conosce gli argomenti trattati in modo completo e dettagliato, utilizza in modo corretto la terminologia specifica. È in grado di collegare le conoscenze teoriche acquisite con gli aspetti operativi sperimentati.	Conosce discretamente i contenuti trattati e adotta un linguaggio generalmente appropriato. Sa cogliere i riferimenti teorici essenziali nello svolgimento delle attività.	Conosce e comprende i contenuti trattati nelle linee fondamentali, utilizza un lessico sufficientemente adeguato.	Conosce in modo parziale gli argomenti trattati e fa un uso impreciso ed approssimativo dei termini.	Mostra gravi lacune nella conoscenza degli argomenti trattati e l'esposizione e l'espressione sono carenti.
Aspetto motorio	Applica correttamente le regole di gioco indicate dall'insegnate rispettando i valori sportivi. Rispetta gli spazi, le attrezzature e le regole di sicurezza in palestra.	Applica discretamente le regole di gioco indicate dall'insegnate rispettando i valori sportivi. Rispetta in parte gli spazi, le attrezzature e le regole di sicurezza in palestra.	Applica superficialmente le regole di gioco indicate dall'insegnate rispettando in parte i valori sportivi. Rispetta poco gli spazi, le attrezzature e le regole di sicurezza in palestra.	Applica raramente le regole di gioco indicate dall'insegnate non rispettando i valori sportivi. Rispetta poco gli spazi, le attrezzature e le regole di sicurezza in palestra.	Non applica le regole di gioco indicate dall'insegnate non rispettando i valori sportivi. Non rispetta gli spazi, le attrezzature e le regole di sicurezza in palestra.
Aspetto comportamentale	Partecipa costantemente, in modo attivo e con elevato interesse. Svolge un ruolo positivo all'interno del gruppo coinvolgendo anche i compagni; sempre molto corretto e responsabile, si impegna con rigore e metodo.	Partecipa attivamente e in modo proficuo, collabora con i compagni e si impegna costantemente in modo adeguato. Generalmente è corretto e responsabile.	Partecipa in modo continuo ma poco attivo. Collabora con i compagni se sostenuto; si impegna in modo accettabile rispettando le regole stabilite.	Partecipa in modo discontinuo ed è poco disponibile alla collaborazione. Adotta un comportamento dispersivo o di disturbo e si impegna in modo superficiale e settoriale.	Partecipa saltuariamente e con poco interesse. Non collabora e si controlla con difficoltà; disturba di frequente e mostra notevoli carenze nell'impegno.

TEMA PORTANTE – SALUTE E BENESSERE

DENOMINAZIONE	Alimentiamo la nostra salute!
CICLO/CORSO	Gli utenti destinatari sono gli alunni di una classe Prima della Scuola secondaria di primo grado. La classe è composta da 19 alunni di cui 10 maschi e 9 femmine. Nella classe è presente un alunno con disabilità visiva (ipovedente lieve).
PERIODO ANNO SCOLASTICO	Novembre - Dicembre
NUMERO TOTALE DI ORE	9 ore
ANALISI DEI BISOGNI	Nel gruppo classe emergono spesso racconti sulle proprie scelte alimentari e sulle proprie abitudini quotidiane. Nella maggior parte, si evince che le scelte intraprese non sono salutari. Da qui nasce la necessità di intraprendere un percorso di "conoscenze" sui correttivi stili di vita per il benessere psicofisico.
PRODOTTO FINALE	Adottare uno stile di vita volto alla tutela della propria salute e a quella degli altri, avendo acquisito la necessaria conoscenza e consapevolezza del proprio corpo. Avanzare proposte da parte degli alunni su come incentivare la popolazione a svolgere attività fisica e su come migliorare lo stile di vita.
PREREQUISITI	-Saper utilizzare le reti e gli strumenti informatici nelle attività di studio; -Saper assumere comportamenti rispettosi di sé e degli altri; -Saper ascoltare ed esprimere le proprie idee; -Saper osservare e raccontare quanto osservato.
DISCIPLINA D'INTERESSE	Scienze Motorie e Sportive
COMPETENZE CHIAVE EUROPEE	• *Competenza sociale e civica;* • *Competenza personale, sociale e capacità di imparare ad imparare;* • *Competenza in materia di consapevolezza ed espressione culturale.*
COMPETENZE CHIAVE DI CITTADINANZA	• *Partecipare e collaborare;* • *Risolvere i problemi;* • *Agire in modo autonomo e responsabile.*

TRAGUARDO DI SVILUPPO DELLE COMPETENZE	-Essere consapevoli degli effetti dei comportamenti individuali e collettivi sulla salute e quindi adottare stili di vita adeguati improntati alla loro tutela; -Riconoscere, ricercare e applicare, comportamenti di promozione dello star bene in ordine ad un sano stile di vita e alla prevenzione, sensibilizzando i coetanei; -Orientare le proprie scelte sullo stile di vita in modo consapevole.
NUCLEO FONDANTE	Salute e Benessere, Prevenzione e Sicurezza
ABILITÀ (SAPER FARE)	-Saper riconoscere nel proprio corpo lo stato di benessere e di malessere che può derivare dalle sue alterazioni; -Saper collegare gli aspetti nutrizionali e gli stili di vita al benessere e alla prevenzione; - Saper applicare autonomamente comportamenti che tutelano la salute e la sicurezza personale consapevoli del benessere legato alla pratica motoria; -Utilizzare il proprio patrimonio di conoscenza sulla salute per assumere comportamenti responsabili in relazione al proprio stile di vita.
CONOSCENZE (SAPERE)	-Conoscere i "determinanti" della salute; -Conoscere il rapporto tra igiene ed esercizio fisico in relazione a sani stili di vita; -Conoscere i "nemici" della salute e i rischi della sedentarietà.
RISORSE	**Umane:** Insegnante, Alunni **Materiali per aula:** LIM, PowerPoint, Computer **Materiali per palestra:** Tappetini
METODOLOGIE DIDATTICHE	-Didattica Laboratoriale; -Lezione Partecipata; -Flipped Classroom; -Brainstorming; -Cooperative Learning; -Lezione Frontale.

VALUTAZIONE	**Valutazione diagnostica:** effettuata prima di intraprendere l'UDA ed è finalizzata a rilevare la situazione iniziale degli allievi sulle loro conoscenze e competenze già acquisite. **Valutazione formativa:** effettuata in itinere per rilevare come gli alunni recepiscono le nuove conoscenze: adeguare l'attività didattica alle esigenze. Si valutano gli alunni durante il lavoro e si valutano sulla partecipazione attiva e propositiva. **Valutazione sommativa:** effettuata per rilevare le conoscenze e le competenze a fine UDA.
STRUMENTI E RISORSE DI VALUTAZIONE	1. Google Form; 2. Tabella di Valutazione; 3. Tabella di Autovalutazione dell'alunno.

Sessioni/Fasi di Lavoro	Tempo	Attività	Strumenti/Metodi
1	1 ORA	Presentazione dell'UDA e spiegazione del prodotto. L'insegnante cerca di stimolare le conoscenze già possedute dagli alunni e le aspettative nei confronti del tema che verrà trattato. Visione di un filmato "Pubblicità e Alimentazione": quanto la pubblicità influisce sulle nostre scelte alimentari?	Lezione Partecipata LIM-PowerPoint
2	1 ORA	Definizione del concetto di "salute" (lezione dell'insegnate) e conoscenza dei maggiori determinanti.	Lezione Frontale LIM-PowerPoint
3	1 ORA	Gli alunni ricercano i "nemici" della salute e li rappresentano graficamente discutendone in classe.	Flipped Classroom
4	1 ORA	Prima Lezione in palestra: si eseguono esercizi di Pilates, pratica importante per favorire il benessere psicofisico e stimolare il rilassamento: aspetto importare per un corretto stile di vita	Didattica Laboratoriale
5	1 ORA	Valutazione in itinere tramite Google Form su quanto spiegato nelle fasi precedenti	Google Form
6	1 ORA	Divisione in gruppi e ricerca da parte degli alunni sugli aspetti nutrizionali e sugli stili di vita legati alla prevenzione. In seguito, discussione in classe del lavoro effettuato da parte dei gruppi e raccolta di idee	Cooperative Learning
7	2 ORE	Proposte da parte degli alunni su come incentivare la popolazione a svolgere attività fisica e su come migliorare lo stile di vita. Si riportano le proposte migliori su PC.	Brainstorming
8	1 ORA	Seconda Lezione in palestra: si eseguono esercizi di Pilates, pratica importante per favorire il benessere psicofisico e stimolare il rilassamento: aspetto importare per un corretto stile di vita	Didattica Laboratoriale
9		Valutazione finale degli alunni	Tabella seguente

ESEMPIO DI LEZIONI DI PILATES IN PALESTRA

10 MINUTI	**Musica di sottofondo** **Attivazione Muscolare dei principali gruppi muscolari:** - Rotazione ed Inclinazione del capo - Rotazione delle spalle - Circonduzione di arti superiori e inferiori - Rotazione del bacino - Inclinazione del busto - Rotazione caviglie
40 MINUTI	**Musica di sottofondo** **Esecuzioni delle principali posizioni di Pilates:** - The Hundred - Roll Up - One leg circle - Rolling like a ball - The Cork-screw - The Neck Pull - The Teaser
10 MINUTI	Defaticamento con esercizi di Stretching per concludere

TABELLA DI AUTOVALUTAZIONE

Domande \ Valutazione	TANTO	ABBASTANZA	POCO	PER NIENTE
Ho ben chiaro il concetto di salute e benessere				
Ho frequentato in modo propositivo alle lezioni proposte				
Ho ben chiaro cosa vuol dire assumere uno stile di vita volto alla tutela della propria salute e a quella degli altri				
Ho appreso una cosa nuova che non conoscevo				
In palestra ho rispettato le indicazioni e mi sono rilassato eseguendo gli esercizi richiesti				
Riesco a lavorare in un gruppo collaborando e portando a termine i compiti esprimendo le mie idee in modo propositivo				

Livelli → / Indicatori ↓	10 e 9	8 e 7	6	5	4
Aspetto teorico	Conosce gli argomenti trattati in modo completo e dettagliato, utilizza in modo corretto la terminologia specifica. È in grado di collegare le conoscenze teoriche acquisite con gli aspetti operativi sperimentati.	Conosce discretamente i contenuti trattati e adotta un linguaggio generalmente appropriato. Sa cogliere i riferimenti teorici essenziali nello svolgimento delle attività.	Conosce e comprende i contenuti trattati nelle linee fondamentali, utilizza un lessico sufficientemente adeguato.	Conosce in modo parziale gli argomenti trattati e fa un uso impreciso ed approssimativo dei termini.	Mostra gravi lacune nella conoscenza degli argomenti trattati e l'esposizione e l'espressione sono carenti.
Aspetto motorio	Applica correttamente le regole di gioco indicate dall'insegnate rispettando i valori sportivi. Rispetta gli spazi, le attrezzature e le regole di sicurezza in palestra.	Applica discretamente le regole di gioco indicate dall'insegnate rispettando i valori sportivi. Rispetta in parte gli spazi, le attrezzature e le regole di sicurezza in palestra.	Applica superficialmente le regole di gioco indicate dall'insegnate rispettando in parte i valori sportivi. Rispetta poco gli spazi, le attrezzature e le regole di sicurezza in palestra.	Applica raramente le regole di gioco indicate dall'insegnate non rispettando i valori sportivi. Rispetta poco gli spazi, le attrezzature e le regole di sicurezza in palestra.	Non applica le regole di gioco indicate dall'insegnate non rispettando i valori sportivi. Non rispetta gli spazi, le attrezzature e le regole di sicurezza in palestra.
Aspetto comportamentale	Partecipa costantemente, in modo attivo e con elevato interesse. Svolge un ruolo positivo all'interno del gruppo coinvolgendo anche i compagni; sempre molto corretto e responsabile, si impegna con rigore e metodo.	Partecipa attivamente e in modo proficuo, collabora con i compagni e si impegna costantemente in modo adeguato. Generalmente è corretto e responsabile.	Partecipa in modo continuo ma poco attivo. Collabora con i compagni se sostenuto; si impegna in modo accettabile rispettando le regole stabilite.	Partecipa in modo discontinuo ed è poco disponibile alla collaborazione. Adotta un comportamento dispersivo o di disturbo e si impegna in modo superficiale e settoriale.	Partecipa saltuariamente e con poco interesse. Non collabora e si controlla con difficoltà; disturba di frequente e mostra notevoli carenze nell'impegno.

TEMA PORTANTE – PALLACANESTRO

Denominazione	Andiamo a Canestro
Ciclo/corso	Gli utenti destinatari sono gli alunni di una classe Terza della Scuola secondaria di primo grado. La classe è composta da 14 alunni di cui 8 maschi e 6 femmine.
Periodo anno scolastico	Marzo - Aprile
Numero totale di ore	12 ore
Analisi dei bisogni	La classe risulta vivace ma propositiva al lavoro di squadra. Dimostra molto spesso di non riuscire a rispettare le regole e i ruoli assegnati. Si scegliere il gioco della Pallacanestro per migliorare questi aspetti.
Prodotto finale	Realizzazione di una partita di Pallacanestro seguendo le regole, i gesti tecnici e i gesti arbitrali. Diffondere il gioco della Pallacanestro esaltando gli aspetti formativi del gioco e proponendolo come strumento didattico.
Prerequisiti	-Essere propositivi verso il lavoro di gruppo; -Nozioni di base sulle differenze tra sport di squadra e individuali; -Saper utilizzare la rete internet e gli strumenti informatici; -Collaborazione e partecipazione attiva alla pratica.
Disciplina d'interesse	Scienze Motorie e Sportive
Competenze Chiave Europee	• *Competenza sociale e civica;* • *Competenza personale, sociale e capacità di imparare ad imparare.*
Competenze chiave di cittadinanza	• *Partecipare e collaborare;* • *Imparare ad imparare;* • *Risolvere i problemi;* • *Agire in modo autonomo e responsabile.*
Traguardo di sviluppo delle competenze	-Controllo del corpo in relazione alle modificazioni spazio-temporali; -Saper utilizzare e acquisire abilità coordinative per la realizzazione dei gesti tecnici della Pallacanestro; -Potenziamento delle capacità condizionali e funzionali.
Nucleo fondante	Lo sport, le regole e il Fair Play
Abilità (saper fare)	-Ampliare le capacità coordinative e condizionali, realizzando schemi motori complessi utili ad affrontare attività motorie e sportive;

	-Saper applicare schemi e azioni di movimento per risolvere un determinato problema motorio; -Saper coordinare azioni motorie, anche complesse, in situazioni variabili con soluzioni personali, mettendo in atto strategie di gioco e tatticamente sperimentate; -Saper padroneggiare diverse capacità coordinative adattandole alle situazioni richieste dal gioco.
CONOSCENZE (SAPERE)	-Conoscere i gesti tecnici fondamentali della Pallacanestro sia individuali che di squadra; -Approfondire la terminologia delle azioni della Pallacanestro, del suo regolamento e dei gesti arbitrali; -Conoscere il concetto di strategia e tattica;
RISORSE	**Umane:** Insegnante, Alunni **Materiali per aula:** LIM, PowerPoint, Computer **Materiali per palestra:** Palloni, Canestri, Delimitatori, Coni, Cerchi
METODOLOGIE DIDATTICHE	-Didattica Laboratoriale; -Lezione Partecipata; -Flipped Classroom; -Lezione Frontale; -Cooperative Learning.
VALUTAZIONE	**Valutazione diagnostica:** effettuata prima di intraprendere l'UDA ed è finalizzata a rilevare la situazione iniziale degli allievi sulle loro conoscenze e competenze già acquisite. **Valutazione formativa:** effettuata in itinere per rilevare come gli alunni recepiscono le nuove conoscenze: adeguare l'attività didattica alle esigenze. Si valutano gli alunni durante il lavoro e si valutano sulla partecipazione attiva e propositiva. **Valutazione sommativa:** effettuata per rilevare le conoscenze e le competenze a fine UDA.
STRUMENTI E RISORSE DI VALUTAZIONE	1. Osservazione; 2. Tabella di Valutazione; 3. Tabella di Autovalutazione dell'alunno.

Sessioni/Fasi di Lavoro	Tempo	Attività	Strumenti/Metodi
1	2 ORE	Presentazione dell'UDA spiegazione del prodotto e valutazione diagnostica in palestra per valutare il punto di partenza degli alunni (palleggio, passaggio, tiro, ecc…)	Lezione Partecipata Didattica Laboratoriale
2	1 ORA	Presentazione delle caratteristiche della Pallacanestro tramite PowerPoint	Lezione Frontale LIM-PowerPoint
3	1 ORA	Sperimentazione pratica in palestra sull'attività del Bolending (manipolazione della palla).	Didattica Laboratoriale
4	2 ORE	Esercitazione in palestra per lo sviluppo del passaggio e del palleggio. Esecuzione di esercizi propedeutici individuali e/o in coppia	Didattica Laboratoriale
5	2 ORE	Divisione in gruppi: l'insegnante fornisce agli alunni il materiale sui principali gesti arbitrali della pallacanestro e dimostrazione da parte dei gruppi dei gesti arbitrali imparati e la loro denominazione. In questa fase viene anche effettuata la valutazione in itinere	Cooperative Learning Didattica Laboratoriale Griglia di Valutazione Seguente
6	1 ORA	Esercitazione in palestra per lo sviluppo del tiro. Esecuzione di esercizi propedeutici individuali e/o in coppia	Didattica Laboratoriale
7	2 ORE	Esercitazione in palestra per lo sviluppo dei fondamentali e del concetto di attacco e difesa della Pallacanestro	Didattica Laboratoriale
8	1 ORA	Sperimentazione pratica di una partita di Pallacanestro. Gli alunni scelgono le squadre e i ruoli da interpretare	Didattica Laboratoriale
9		Valutazione finale degli alunni	Tabella seguente

TABELLA DI AUTOVALUTAZIONE

Domande \ Valutazione	😃 TANTO	🙂 ABBASTANZA	☹️ POCO	😟 PER NIENTE
Ho frequentato in modo propositivo alle lezioni proposte				
Riesco ad orientarmi in modo corretto all'interno del campo di gioco				
So eseguire in maniera disinvolta i fondamentali della Pallacanestro (tiro, palleggio, passaggio)				
Ho una buona capacità di gestire lo stress nelle situazioni di gioco				
Ho ben chiaro la differenza tra sport di squadra e individuali e le loro caratteristiche				
Ho una buona capacità di comunicazione all'interno del campo di gioco con i miei compagni di squadra				

ATTIVITA' PROPEDEUTICHE DA POTER SVOLGERE IN PALESTRA

MANIPOLAZIONE	Tutti gli alunni avranno un pallone e dovranno eseguire tutti i movimenti che esegue l'insegnante di manipolazione (lanciare la palla in area e riprenderla al volo, palleggiare con una mano, palleggiare con due mani, camminare palleggiando con una gamba, ecc…).
IL PESCATORE	Si scelgono 2 pescatori tra gli alunni e si posizionano sulla linea di centrocampo. Tutti gli altri saranno i pesci e, partendo da una delle linee di fondo campo, dovranno passare da una parte all'altra del campo senza farsi catturare dai pescatori. Chi viene catturato diventerà pescatore e si continuerà così fino a quando non rimarrà un solo pesce (tutti gli alunni hanno il pallone e dovranno cercare di palleggiare durante tutta la durata del gioco).
I GUARDIANI	Si scelgono 2 guardiani tra gli alunni mentre tutti gli altri si posizionano in giro per il campo. Al via dell'insegnante tutti quanti saranno liberi di correre per il campo e i guardiani dovranno cercare di colpire gli altri alunni lanciando loro delle piccole palline morbide. L'alunno che viene colpito dovrà pagare penitenza facendo un piccolo percorso palleggiando (il percorso è stato costruito precedentemente dall'insegnante).
IL GIOCO DEI NUMERI	Gli alunni vengono divisi in 2 squadre e queste si posizioneranno sulle linee di fondo campo (una squadra a destra e una a sinistra). Ad ogni alunno verrà assegnato un numero. L'insegnante si posizionerà a centrocampo con la palla e chiamerà un numero a suo piacimento (esempio 24) a questo punto, partiranno il numero 2 e il numero 4 di ogni squadra così da affrontarsi in una minipartita 2vs2. La prima squadra che farà canestro guadagnerà un punto e gli alunni si riposizioneranno al loro posto.

VALUTAZIONE IN ITINERE

GRIGLIA DI OSSERVAZIONE

INDICATORI	FREQUENZA
È coinvolto in modo attivo nelle attività proposte	0 1 2 3 4 5
Ha una buona conoscenza sulle differenze tra sport di squadra e individuali	0 1 2 3 4 5
È incoraggiato ad esternare le proprie conoscenze e abilità	0 1 2 3 4 5
Si orienta bene e prontamente nello spazio	0 1 2 3 4 5
Utilizza correttamente i fondamentali del gioco della Pallacanestro	0 1 2 3 4 5
Si relaziona in modo rispettoso e propositivo nei confronti dei compagni	0 1 2 3 4 5
Riesce ad applicare schemi e azioni di movimento per risolvere un determinato problema motorio	0 1 2 3 4 5
Riesci a percepire il proprio corpo in situazioni statiche e dinamiche	0 1 2 3 4 5
Lavora singolarmente o in gruppo alla risoluzione di problemi o per portare a termine le attività	0 1 2 3 4 5

Livelli → Indicatori ↓	10 e 9	8 e 7	6	5	4
Aspetto teorico	Conosce gli argomenti trattati in modo completo e dettagliato, utilizza in modo corretto la terminologia specifica. È in grado di collegare le conoscenze teoriche acquisite con gli aspetti operativi sperimentati.	Conosce discretamente i contenuti trattati e adotta un linguaggio generalmente appropriato. Sa cogliere i riferimenti teorici essenziali nello svolgimento delle attività.	Conosce e comprende i contenuti trattati nelle linee fondamentali, utilizza un lessico sufficientemente adeguato.	Conosce in modo parziale gli argomenti trattati e fa un uso impreciso ed approssimativo dei termini.	Mostra gravi lacune nella conoscenza degli argomenti trattati e l'esposizione e l'espressione sono carenti.
Aspetto motorio	Applica correttamente le regole di gioco indicate dall'insegnate rispettando i valori sportivi. Rispetta gli spazi, le attrezzature e le regole di sicurezza in palestra.	Applica discretamente le regole di gioco indicate dall'insegnate rispettando i valori sportivi. Rispetta in parte gli spazi, le attrezzature e le regole di sicurezza in palestra.	Applica superficialmente le regole di gioco indicate dall'insegnate rispettando in parte i valori sportivi. Rispetta poco gli spazi, le attrezzature e le regole di sicurezza in palestra.	Applica raramente le regole di gioco indicate dall'insegnate non rispettando i valori sportivi. Rispetta poco gli spazi, le attrezzature e le regole di sicurezza in palestra.	Non applica le regole di gioco indicate dall'insegnate non rispettando i valori sportivi. Non rispetta gli spazi, le attrezzature e le regole di sicurezza in palestra.
Aspetto comportamentale	Partecipa costantemente, in modo attivo e con elevato interesse. Svolge un ruolo positivo all'interno del gruppo coinvolgendo anche i compagni; sempre molto corretto e responsabile, si impegna con rigore e metodo.	Partecipa attivamente e in modo proficuo, collabora con i compagni e si impegna costantemente in modo adeguato. Generalmente è corretto e responsabile.	Partecipa in modo continuo ma poco attivo. Collabora con i compagni se sostenuto; si impegna in modo accettabile rispettando le regole stabilite.	Partecipa in modo discontinuo ed è poco disponibile alla collaborazione. Adotta un comportamento dispersivo o di disturbo e si impegna in modo superficiale e settoriale.	Partecipa saltuariamente e con poco interesse. Non collabora e si controlla con difficoltà; disturba di frequente e mostra notevoli carenze nell'impegno.

TEMA PORTANTE – PALLAMANO

DENOMINAZIONE	Relazionarsi con la Pallamano
CICLO/CORSO	Gli utenti destinatari sono gli alunni di una classe Seconda della Scuola secondaria di primo grado. La classe è composta da 17 alunni di cui 7 maschi e 10 femmine.
PERIODO ANNO SCOLASTICO	Novembre
NUMERO TOTALE DI ORE	12 ore
ANALISI DEI BISOGNI	La maggior parte classe risulta avere un bagaglio motorio di poche esperienze, con scarse abilità motorie. Si utilizza il gioco di squadra della Pallamano per svilupparle e migliorarle, lavorando così anche sull'aspetto comunicativo e relazionale.
PRODOTTO FINALE	Conoscere il gioco della pallamano e utilizzarlo come strumento per sviluppare nuove abilità motorie e migliorare l'aspetto relazionale.
PREREQUISITI	-Essere propositivi verso il lavoro di gruppo; -Competenze digitali; -Essere a conoscenza dei valori sportivi; -Partecipazione attiva alla pratica.
DISCIPLINA D'INTERESSE	Scienze Motorie e Sportive
COMPETENZE CHIAVE EUROPEE	• *Competenza sociale e civica;* • *Competenza sociale e civica in materia di cittadinanza;* • *Competenza personale, sociale e capacità di imparare ad imparare.*
COMPETENZE CHIAVE DI CITTADINANZA	• *Partecipare e collaborare;* • *Imparare ad imparare;* • *Agire in modo autonomo e responsabile.*
TRAGUARDO DI SVILUPPO DELLE COMPETENZE	-Sviluppo delle abilità motorie e sportive e applicazione nel contesto del gioco della pallamano; -Sviluppo delle capacità comunicative e socio-relazionali tramite il gioco della Pallamano.
NUCLEO FONDANTE	Lo sport, le regole e il Fair Play
ABILITÀ (SAPER FARE)	-Saper effettuare i fondamentali del gioco nello specifico: palleggio, lancio e presa della palla; -Saper comunicare con i compagni; -Saper applicare le regole di gioco.
CONOSCENZE (SAPERE)	-Conoscere i gesti tecnici fondamentali della Pallamano sia individuali che di squadra;

	-Conoscere le abilità motorie in ambito sportivo; -Approfondire la terminologia delle azioni della Pallamano, del suo regolamento e dei gesti arbitrali; -Conoscere i tipi di comunicazione, soprattutto quella non verbale.
RISORSE	**Umane:** Insegnante, Alunni **Materiali per aula:** LIM, PowerPoint, Computer **Materiali per palestra:** Palloni, Cerchi, Delimitatori, Porte, Coni, Materassini
METODOLOGIE DIDATTICHE	-Didattica Laboratoriale; -Lezione Partecipata; -Cooperative Learning.
VALUTAZIONE	**Valutazione diagnostica:** effettuata prima di intraprendere l'UDA ed è finalizzata a rilevare la situazione iniziale degli allievi sulle loro conoscenze e competenze già acquisite. **Valutazione formativa:** effettuata in itinere per rilevare come gli alunni recepiscono le nuove conoscenze: adeguare l'attività didattica alle esigenze. Si valutano gli alunni durante il lavoro e si valutano sulla partecipazione attiva e propositiva. **Valutazione sommativa:** effettuata per rilevare le conoscenze e le competenze a fine UDA.
STRUMENTI E RISORSE DI VALUTAZIONE	1. Osservazione; 2. Tabella di Valutazione; 3. Tabella di Autovalutazione dell'alunno.

Sessioni/Fasi di Lavoro	Tempo	Attività	Strumenti/Metodi
1	2 ORE	Presentazione dell'UDA e spiegazione del prodotto. L'insegnante cerca di stimolare le conoscenze già possedute dagli alunni sulle attività da svolgere. Lezione in aula tramite PowerPoint sulle principali regole della Pallamano e i suoi fondamentali	Lezione Partecipata LIM/PowerPoint
2	2 ORE	Attività in palestra in coppie con esercizi di propedeutica alla Pallamano per lo sviluppo dei fondamentali, nello specifico del passaggio	Didattica Laboratoriale
3	1 ORA	Attività in aula tramite PowerPoint sulle abilità motorie applicate alla Pallamano e visione di un filmato sui gesti tecnici del gioco della Pallamano	Lezione Frontale LIM/PowerPoint
		Valutazione in itinere: si valutano gli alunni durante il lavoro e su quanto fatto finora tramite griglie di osservazione	Griglia di Valutazione Seguente
4	2 ORE	Attività in palestra con esercizi di propedeutica alla Pallamano per lo sviluppo dei fondamentali, nello specifico del tiro	Didattica Laboratoriale
5	2 ORE	Sperimentazione pratica in palestra per lo sviluppo delle fasi difensive e di attacco del gioco della Pallamano	Didattica Laboratoriale
6	1 ORA	Spiegazione dei gesti arbitrali del gioco della Pallamano, correlata con i vari tipi di comunicazione soprattutto quella non verbale	Lezione Partecipata LIM/PowerPoint
7	2 ORE	Sperimentazione pratica in palestra di una partita applicando le regole studiate del gioco della Pallamano	Didattica Laboratoriale
8		Valutazione finale degli alunni	Tabella seguente

ATTIVITA' PROPEDEUTICHE DA POTER SVOLGERE IN PALESTRA

PASSIAMOCI LA PALLA	1. A coppie: un pallone per coppia. Passaggi frontali a due mani con uno che avanza e uno che arretra. 2. Ognuno con la propria palla difronte al muro. Effettuare 10 passaggi con la mano destra e 10 con la mano sinistra. 3. A coppie: partenza in corsa dalla linea di fondo, tre passaggi. Chi riceve il terzo passaggio salta e tira. Se si trova su una posizione molto arretrata può effettuare un solo palleggio per avvicinarsi alla porta.
ATTENTO ALLE ZONE	Suddividere il campo di gioco in 4 zone. In ognuna ci si sposta eseguendo un movimento diverso. **Zona 1:** saltellare sulla gamba sinistra; **Zona 2:** side step; **Zona 3:** saltellare sulla gamba destra; **Zona 4:** saltellare su due gambe. In aria chiudere sempre le gambe e atterrare aprendo i piedi all'altezza dei fianchi. Si scelgono 2 cacciatori con una palla in mano con la quale, lanciandola, dovranno cercare di colpire gli altri giocatori. Se ci riesce consegna la palla alla preda che diventa a sua volta cacciatore.
DIFENDI LA PALLA	In coppia: A in piedi o in ginocchio su un tappetino con un pallone. Dopo il segnale, B cerca di sottrarre la palla ad A. Se ci riesce, ci si cambia di ruolo e, dopo il nuovo segnale, A cerca di riprendersela. Chi s'impossessa della palla ottiene un punto.
ATTENTI AL RIGORE	Due squadre si affrontano a tutto campo; i giocatori di una squadra cercano, passandosi la palla, di effettuare in modo consecutivo 5 passaggi; i giocatori della squadra avversaria tentano di interrompere i passaggi e di entrare a loro volta in possesso di palla. Chi riesce a realizzare i 5 passaggi consecutivi ha diritto ad un tiro in porta dalla linea di "rigore". La squadra che riesce a realizzare tutti e 5 i passaggi senza far cadere la palla riceve 1 punto; la squadra che trasforma il rigore riceve 2 punti aggiuntivi. Non è previsto un limite di giocatori per squadra.

VALUTAZIONE IN ITINERE

GRIGLIA DI OSSERVAZIONE

INDICATORI	FREQUENZA
Partecipa alla pratica in modo attivo e rispettando le regole	0 1 2 3 4 5
È incoraggiato ad esternare le proprie conoscenze e abilità	0 1 2 3 4 5
Conosce e mette in atto il concetto di strategia	0 1 2 3 4 5
Si orienta bene e prontamente nello spazio	0 1 2 3 4 5
Utilizza correttamente i fondamentali nelle dinamiche di gioco mettendo in atto collaborazione e autocontrollo	0 1 2 3 4 5
Si relaziona in modo rispettoso e propositivo nei confronti dei compagni	0 1 2 3 4 5
Ha una buona conoscenza delle abilità motorie in ambito sportivo	0 1 2 3 4 5
Conosce e mette in pratica i fondamentali del gioco della Pallamano	0 1 2 3 4 5

TABELLA DI AUTOVALUTAZIONE

Domande \ Valutazione	TANTO	ABBASTANZA	POCO	PER NIENTE
Ho partecipato in modo attivo alla pratica				
Riesco ad orientarmi in modo corretto all'interno del campo di gioco				
Ho ben chiaro il concetto di squadra				
Ho una buona capacità di gestire lo stress nelle situazioni di gioco				
Ho una buona capacità di comunicazione all'interno del campo di gioco con i miei compagni di squadra				
Ho ben chiaro il concetto di comunicazione soprattutto di quella non verbale				
Sono soddisfatto degli obiettivi raggiunti				

Livelli → / Indicatori ↓	10 e 9	8 e 7	6	5	4
Aspetto teorico	Conosce gli argomenti trattati in modo completo e dettagliato, utilizza in modo corretto la terminologia specifica. È in grado di collegare le conoscenze teoriche acquisite con gli aspetti operativi sperimentati.	Conosce discretamente i contenuti trattati e adotta un linguaggio generalmente appropriato. Sa cogliere i riferimenti teorici essenziali nello svolgimento delle attività.	Conosce e comprende i contenuti trattati nelle linee fondamentali, utilizza un lessico sufficientemente adeguato.	Conosce in modo parziale gli argomenti trattati e fa un uso impreciso ed approssimativo dei termini.	Mostra gravi lacune nella conoscenza degli argomenti trattati e l'esposizione e l'espressione sono carenti.
Aspetto motorio	Applica correttamente le regole di gioco indicate dall'insegnate rispettando i valori sportivi. Rispetta gli spazi, le attrezzature e le regole di sicurezza in palestra.	Applica discretamente le regole di gioco indicate dall'insegnate rispettando i valori sportivi. Rispetta in parte gli spazi, le attrezzature e le regole di sicurezza in palestra.	Applica superficialmente le regole di gioco indicate dall'insegnate rispettando in parte i valori sportivi. Rispetta poco gli spazi, le attrezzature e le regole di sicurezza in palestra.	Applica raramente le regole di gioco indicate dall'insegnate non rispettando i valori sportivi. Rispetta poco gli spazi, le attrezzature e le regole di sicurezza in palestra.	Non applica le regole di gioco indicate dall'insegnate non rispettando i valori sportivi. Non rispetta gli spazi, le attrezzature e le regole di sicurezza in palestra.
Aspetto comportamentale	Partecipa costantemente, in modo attivo e con elevato interesse. Svolge un ruolo positivo all'interno del gruppo coinvolgendo anche i compagni; sempre molto corretto e responsabile, si impegna con rigore e metodo.	Partecipa attivamente e in modo proficuo, collabora con i compagni e si impegna costantemente in modo adeguato. Generalmente è corretto e responsabile.	Partecipa in modo continuo ma poco attivo. Collabora con i compagni se sostenuto; si impegna in modo accettabile rispettando le regole stabilite.	Partecipa in modo discontinuo ed è poco disponibile alla collaborazione. Adotta un comportamento dispersivo o di disturbo e si impegna in modo superficiale e settoriale.	Partecipa saltuariamente e con poco interesse. Non collabora e si controlla con difficoltà; disturba di frequente e mostra notevoli carenze nell'impegno.

TEMA PORTANTE – PALLAVOLO

DENOMINAZIONE	Prendila al Volo
CICLO/CORSO	Gli utenti destinatari sono gli alunni di una classe Prima della Scuola secondaria di primo grado. La classe è composta da 22 alunni di cui 11 maschi e 11 femmine.
PERIODO ANNO SCOLASTICO	Febbraio - Marzo
NUMERO TOTALE DI ORE	13 ore
ANALISI DEI BISOGNI	Da un sondaggio effettuato, la maggior parte del gruppo classe riporta di avere poche esperienze e conoscenze nel campo degli sport di squadra. Si inserisce la Pallavolo come strumento didattico per approfondire le conoscenze teoriche e pratiche.
PRODOTTO FINALE	Diffondere il gioco della pallavolo acquisendo i fondamentali del gioco e proponendolo come strumento didattico
PREREQUISITI	-Collaborazione e partecipazione attiva alla pratica; -Utilizzo delle risorse digitali e creazione di tabelle e PowerPoint; -Rispetto degli altri e dell'attrezzatura utilizzata; -Conoscere le normative principali di sicurezza per stare in palestra.
DISCIPLINA D'INTERESSE	Scienze Motorie e Sportive
COMPETENZE CHIAVE EUROPEE	• *Competenza sociale e civica;* • *Competenza personale, sociale e capacità di imparare ad imparare.*
COMPETENZE CHIAVE DI CITTADINANZA	• *Partecipare e collaborare;* • *Collaborare;* • *Agire in modo autonomo e responsabile*
TRAGUARDO DI SVILUPPO DELLE COMPETENZE	-Utilizzare le abilità motorie e sportive adattandole alle situazioni; -Acquisire i fondamentali individuali e di squadra; -Risolvere in modo efficace ed efficiente situazioni di gioco.
NUCLEO FONDANTE	Lo sport, le regole e il Fair Play
ABILITÀ (SAPER FARE)	-Saper effettuare i fondamentali della pallavolo in diverse modalità sia statiche che dinamiche; -Saper ricoprire i diversi ruoli in campo; -Sapersi muovere nello spazio valutando la distanza tra sé e gli altri;

	-Saper coordinare e collegare in modo fluido il maggior numero possibile di movimenti.
CONOSCENZE (SAPERE)	-Conosce i fondamentali della pallavolo in particolare: palleggio. bagher e battuta; -Conosce i ruoli del gioco; -Conosce i principali gesti arbitrali.
RISORSE	**Umane:** Insegnante, Alunni **Materiali per aula:** Libri di Testo, Video, LIM, PowerPoint, Computer **Materiali per palestra:** Palloni, Delimitatori, Coni, Funicella, Cerchi
METODOLOGIE DIDATTICHE	-Didattica Laboratoriale; -Flipped Classroom; -Lezione Partecipata; -Cooperative Learning.
VALUTAZIONE	**Valutazione diagnostica:** effettuata prima di intraprendere l'UDA ed è finalizzata a rilevare la situazione iniziale degli allievi sulle loro conoscenze e competenze già acquisite. **Valutazione formativa:** effettuata in itinere per rilevare come gli alunni recepiscono le nuove conoscenze: adeguare l'attività didattica alle esigenze. Si valutano gli alunni durante il lavoro e si valutano sulla partecipazione attiva e propositiva. **Valutazione sommativa:** effettuata per rilevare le conoscenze e le competenze a fine UDA.
STRUMENTI E RISORSE DI VALUTAZIONE	1. Osservazione; 2. Tabella di Valutazione; 3. Tabella di Autovalutazione dell'alunno.

Sessioni/Fasi di Lavoro	Tempo	Attività	Strumenti/Metodi
1	1 ORA	Presentazione da parte dell'insegnante dell'UDA. spiegazione del prodotto	Lezione Partecipata PowerPoint/LIM
2	2 ORE	L'insegnante fornisce bibliografia e sitografia su cui reperire informazioni principali sul gioco della Pallavolo (campo di gioco, ruoli, regole) e gli alunni riportano tutte le informazioni su tabella	Flipped Classroom LIM
3	1 ORA	Gli alunni presentano all'insegnante le informazioni creando un PowerPoint e lezione sui principi fondamentali di prevenzione per la sicurezza personale in palestra	Flipped Classroom Lezione Partecipata PowerPoint/LIM
4	2 ORE	Attività in palestra in coppie con esercizi di propedeutica alla Pallavolo per lo sviluppo dei fondamentali, nello specifico della Schiacciata e della Battuta	Didattica Laboratoriale
5		Valutazione in itinere: si valutano gli alunni durante il lavoro e su quanto fatto finora tramite griglie di osservazione	Griglia di Valutazione Seguente
6	2 ORE	Attività in palestra in coppie con esercizi di propedeutica alla Pallavolo per lo sviluppo dei fondamentali, nello specifico del Bagher e del Palleggio	Didattica Laboratoriale
7	1 ORA	Sperimentazione pratica in palestra per capire il ruolo adatto ad ogni alunno nel gioco della Pallavolo	Didattica Laboratoriale
8	1 ORA	Spiegazione dei principali gesti arbitrali	Lezione Frontale PowerPoint/LIM
9	1 ORA	Presentazione da parte dell'insegnante delle regole della Pallavolo con riferimento anche ai gesti arbitrali	Lezione Frontale PowerPoint/LIM
10	2 ORE	Sperimentazione pratica in palestra di una vera e propria partita (inizialmente si può pensare di giocare concedendo agli alunni di bloccare la palla)	Didattica Laboratoriale
11		Valutazione finale degli alunni	Tabella seguente

ATTIVITA' PROPEDEUTICHE DA POTER SVOLGERE IN PALESTRA

BATTI PRECISO	Gli alunni vengono divisi in due squadre. I giocatori dovranno effettuare una battuta dall'alto o dal basso cercando di centrare i cerchi presenti nella metà campo avversaria. Ogni cerchio avrà un valore numerico e ogni qualvolta la palla finisce dentro un cerchio, la squadra guadagna il punteggio di quel cerchio. Vince chi guadagna più punti.
COLPISCI I BIRILLI	Gli alunni vengono divise in 2 squadre. I giocatori dovranno effettuare una battuta dall'alto cercando di colpire i birilli presenti nella metà campo avversaria. Vince chi butta giù tutti i birilli per primo.
SCAPPA E PALLEGGIA	Gli alunni vengono divisi in coppie e si posizionano uno dietro l'altro. Ogni giocatore ha un pallone con il quale farà dei palleggi sopra la testa. Al via dell'insegnate, il giocatore che si trova dietro, dovrà rincorrere e cercare di prendere il compagno, senza smettere di palleggiare. Al doppio fischio dell'insegnante, l'alunno che si trova dietro della coppia dovrà cambiare compagno da inseguire.
NON FARLA CADERE	L'allenatore/insegnante è posizionato in piedi su un cubo o un tavolino sotto la rete e attaccherà nell'altra metà campo dove, ci saranno 3 difensori, ognuno nel proprio ruolo. I difensori dovranno recuperare più palloni possibili. L'esercizio si svolge a tempo e vince il difensore che fa più appoggi corretti.

VALUTAZIONE IN ITINERE

GRIGLIA DI OSSERVAZIONE

INDICATORI	FREQUENZA
Partecipa alla pratica in modo attivo e rispettando le regole	0 1 2 3 4 5
Conoscere le principali regole di prevenzione e sicurezza	0 1 2 3 4 5
Riesce ad argomentare le informazioni recepite da internet	0 1 2 3 4 5
Conosce e mette in atto il concetto di strategia	0 1 2 3 4 5
Si orienta bene e prontamente nello spazio	0 1 2 3 4 5
Utilizza correttamente gli spazi e le proprie abilità	0 1 2 3 4 5
Si relaziona in modo rispettoso e propositivo nei confronti dei compagni	0 1 2 3 4 5
Conosce e mette in pratica i fondamentali del gioco della Pallavolo	0 1 2 3 4 5

TABELLA DI AUTOVALUTAZIONE

Domande \ Valutazione	TANTO	ABBASTANZA	POCO	PER NIENTE
Ho partecipato in modo attivo alla pratica				
Ho ben chiaro gli argomenti trattati				
Riesco ad orientarmi in modo corretto all'interno del campo di gioco				
Sono in grado di reperire informazioni da internet				
Ho ben chiaro il concetto di squadra				
Riesco a muovermi nel campo di gioco in modo efficace ed efficiente				
Ho una buona capacità di comunicazione all'interno del campo di gioco con i miei compagni di squadra				

Livelli → / Indicatori ↓	10 e 9	8 e 7	6	5	4
Aspetto teorico	Conosce gli argomenti trattati in modo completo e dettagliato, utilizza in modo corretto la terminologia specifica. È in grado di collegare le conoscenze teoriche acquisite con gli aspetti operativi sperimentati.	Conosce discretamente i contenuti trattati e adotta un linguaggio generalmente appropriato. Sa cogliere i riferimenti teorici essenziali nello svolgimento delle attività.	Conosce e comprende i contenuti trattati nelle linee fondamentali, utilizza un lessico sufficientemente adeguato.	Conosce in modo parziale gli argomenti trattati e fa un uso impreciso ed approssimativo dei termini.	Mostra gravi lacune nella conoscenza degli argomenti trattati e l'esposizione e l'espressione sono carenti.
Aspetto motorio	Applica correttamente le regole di gioco indicate dall'insegnate rispettando i valori sportivi. Rispetta gli spazi, le attrezzature e le regole di sicurezza in palestra.	Applica discretamente le regole di gioco indicate dall'insegnate rispettando i valori sportivi. Rispetta in parte gli spazi, le attrezzature e le regole di sicurezza in palestra.	Applica superficialmente le regole di gioco indicate dall'insegnate rispettando in parte i valori sportivi. Rispetta poco gli spazi, le attrezzature e le regole di sicurezza in palestra.	Applica raramente le regole di gioco indicate dall'insegnate non rispettando i valori sportivi. Rispetta poco gli spazi, le attrezzature e le regole di sicurezza in palestra.	Non applica le regole di gioco indicate dall'insegnate non rispettando i valori sportivi. Non rispetta gli spazi, le attrezzature e le regole di sicurezza in palestra.
Aspetto comportamentale	Partecipa costantemente, in modo attivo e con elevato interesse. Svolge un ruolo positivo all'interno del gruppo coinvolgendo anche i compagni; sempre molto corretto e responsabile, si impegna con rigore e metodo.	Partecipa attivamente e in modo proficuo, collabora con i compagni e si impegna costantemente in modo adeguato. Generalmente è corretto e responsabile.	Partecipa in modo continuo ma poco attivo. Collabora con i compagni se sostenuto; si impegna in modo accettabile rispettando le regole stabilite.	Partecipa in modo discontinuo ed è poco disponibile alla collaborazione. Adotta un comportamento dispersivo o di disturbo e si impegna in modo superficiale e settoriale.	Partecipa saltuariamente e con poco interesse. Non collabora e si controlla con difficoltà; disturba di frequente e mostra notevoli carenze nell'impegno.

TEMA PORTANTE – TENNIS TAVOLO

DENOMINAZIONE	Tennis TavolOltre
CICLO/CORSO	Gli utenti destinatari sono gli alunni di una classe Prima della Scuola secondaria di primo grado. La classe è composta da 15 alunni di cui 7 maschi e 8 femmine. Nella classe è presente un alunno con disabilità motoria, nello specifico diplegia lieve con minimi problemi di equilibrio del tronco e lieve spasticità degli arti inferiori.
PERIODO ANNO SCOLASTICO	Settembre - Ottobre
NUMERO TOTALE DI ORE	13 ore
ANALISI DEI BISOGNI	La classe ha delle buone capacità motorie di base. È attiva e propositiva nei confronti delle nuove proposte. La relazione in classe è positiva. L'alunno con disabilità però, non sempre viene incluso nelle attività. Viene proposto il gioco del Tennis Tavolo, non solo per ampliare le conoscenze della classe, ma soprattutto per favorire l'inclusione.
PRODOTTO FINALE	Sottolineare e trasmettere gli aspetti educativi e formativi dello sport, promuovendo nello specifico la pratica del tennis tavolo e insegnando la propedeutica base per saper giocare. Utilizzare lo sport del tennis tavolo come strumento di inclusione.
PREREQUISITI	-Essere disponibili alla pratica e alla collaborazione con i compagni; -Saper utilizzare internet a scopo di ricerca; -Collaborazione e partecipazione attiva alla pratica; -Conoscere e saper applicare i valori del Fair Play quando si gioca e i valori sportivi inclusivi.
DISCIPLINA D'INTERESSE	Scienze Motorie e Sportive
COMPETENZE CHIAVE EUROPEE	• *Competenza sociale e civica;* • *Competenze digitali;* • *Competenza personale, sociale e capacità di imparare ad imparare.*
COMPETENZE CHIAVE DI CITTADINANZA	• *Agire in modo autonomo e responsabile* • *Partecipare e collaborare;* • *Risolvere i problemi.*
TRAGUARDO DI SVILUPPO DELLE COMPETENZE	-Ampliare le capacità coordinative utili ad affrontare il gioco del tennis tavolo; -Acquisire i fondamentali individuali;

	-Risolvere situazioni di gioco che si possono presentare durante una partita.
NUCLEO FONDANTE	Lo sport, le regole e il Fair Play
ABILITÀ (SAPER FARE)	- Saper indirizzare la pallina in relazione allo spazio e al movimento dell'avversario; -Saper spostare il proprio corpo nello spazio per colpire la pallina; -Saper applicare correttamente i valori del Fair Play nelle situazioni di gioco e non.
CONOSCENZE (SAPERE)	-Conoscere i fondamentali del tennis tavolo dalle tecniche della battuta, ricezione, attacco e difesa; -Conoscere la storia del tennis tavolo; -Conoscere le principali regole del tennis tavolo; -Conoscere le capacità motorie interessate nel gioco del tennis tavolo.
RISORSE	**Umane:** Insegnante, Alunni **Materiali per aula:** LIM, Tablet, PowerPoint, Computer **Materiali per palestra:** Tavolo da tennis tavolo, Racchette, Palline
METODOLOGIE DIDATTICHE	-Didattica Laboratoriale; -Brainstorming; -Lezione Partecipata; -Flipped Classroom; -Cooperative Learning.
VALUTAZIONE	**Valutazione diagnostica:** effettuata prima di intraprendere l'UDA ed è finalizzata a rilevare la situazione iniziale degli allievi sulle loro conoscenze e competenze già acquisite. **Valutazione formativa:** effettuata in itinere per rilevare come gli alunni recepiscono le nuove conoscenze: adeguare l'attività didattica alle esigenze. Si valutano gli alunni durante il lavoro e si valutano sulla partecipazione attiva e propositiva. **Valutazione sommativa:** effettuata per rilevare le conoscenze e le competenze a fine UDA.
STRUMENTI E RISORSE DI VALUTAZIONE	1. Osservazione; 2. Tabella di Valutazione; 3. Tabella di Autovalutazione dell'alunno.

Sessioni/Fasi di Lavoro	Tempo	Attività	Strumenti/Metodi
1	2 ORE	Presentazione da parte dell'insegnante dell'UDA e raccolta di idee, da parte degli alunni, su quali attività svolgere per poter sviluppare il prodotto finale. Valutazione diagnostica tramite Test per valutare le conoscenze già possedute dagli alunni	Lezione Partecipata Brainstorming Google Moduli
2	2 ORE	Lezione da parte dell'insegnante del gioco del Tennis Tavolo, la sua storia e l'approdo alle Paralimpiadi. Divisione in gruppi: l'insegnante fornisce agli alunni la sitografia su cui trovare ulteriori informazioni relative alle Paralimpiadi e al tennis tavolo	Lezione Partecipata LIM/PowerPoint Cooperative Learning
3	1 ORA	I gruppi presentano all'insegnante una relazione sulle informazioni reperite precedentemente	Flipped Classroom
4	1 ORA	Spiegazione delle principali regole del Tennis Tavolo e delle capacità motorie coinvolte	Lezione Frontale PowerPoint/LIM
5	2 ORE	Esercitazioni per prendere confidenza con la racchetta. Si eseguono esercizi per mantenere la pallina in equilibrio sulla racchetta, spostare il proprio corpo mantenendo in equilibrio la pallina sulla racchetta	Didattica Laboratoriale
6	2 ORE	Esercitazioni in palestra sugli schemi motori lanciare ed afferrare (gestire la pallina). Si eseguono esercizi propedeutici al Tennis Tavolo per apprendere le traiettorie, spostare il corpo per colpire la pallina	Didattica Laboratoriale
7		Valutazione in itinere: si valutano gli alunni durante il lavoro e su quanto fatto finora	Griglia di Valutazione Seguente
8	1 ORA	Esercitazioni a coppie da seduti per imparare a gestire racchetta e pallina. Esecuzione di passaggi in modo statico, mano controlaterale, ecc…	Didattica Laboratoriale
9	2 ORE	Torneo della classe: gli allievi studiano strategie di gioco, giocano la partita	Didattica Laboratoriale
10		Valutazione finale degli alunni	Tabella seguente

VALUTAZIONE IN ITINERE

GRIGLIA DI OSSERVAZIONE

INDICATORI	FREQUENZA
Partecipa alla pratica in modo attivo e rispettando le regole	0 1 2 3 4 5
Riesce a spostare il proprio corpo in breve tempo mantenendo l'equilibrio	0 1 2 3 4 5
Assume un comportamento corretto e propositivo nei confronti del compagno con disabilità	0 1 2 3 4 5
Assume un comportamento positivo nei confronti degli avversari e dell'ambiente	0 1 2 3 4 5
Utilizza correttamente gli spazi e le proprie abilità	0 1 2 3 4 5
Si relaziona in modo rispettoso e propositivo nei confronti dei compagni	0 1 2 3 4 5
Conosce e mette in pratica i fondamentali del gioco del Tennis Tavolo	0 1 2 3 4 5

TABELLA DI AUTOVALUTAZIONE

Domande \ Valutazione	😃 TANTO	🙂 ABBASTANZA	🙁 POCO	😟 PER NIENTE
Ho partecipato in modo attivo alla pratica				
Ho ben chiaro il concetto di equilibrio				
Ho rispettato le regole di gioco				
Ho ben chiaro il concetto di capacità motorie				
Riesco a mettere in pratica i fondamentali del Tennis Tavolo				
Sono riuscito a coinvolgere il compagno con disabilità				
Sono soddisfatto degli obiettivi raggiunti				

Livelli → Indicatori ↓	10 e 9	8 e 7	6	5	4
Aspetto teorico	Conosce gli argomenti trattati in modo completo e dettagliato, utilizza in modo corretto la terminologia specifica. È in grado di collegare le conoscenze teoriche acquisite con gli aspetti operativi sperimentati.	Conosce discretamente i contenuti trattati e adotta un linguaggio generalmente appropriato. Sa cogliere i riferimenti teorici essenziali nello svolgimento delle attività.	Conosce e comprende i contenuti trattati nelle linee fondamentali, utilizza un lessico sufficientemente adeguato.	Conosce in modo parziale gli argomenti trattati e fa un uso impreciso ed approssimativo dei termini.	Mostra gravi lacune nella conoscenza degli argomenti trattati e l'esposizione e l'espressione sono carenti.
Aspetto motorio	Applica correttamente le regole di gioco indicate dall'insegnate rispettando i valori sportivi. Rispetta gli spazi, le attrezzature e le regole di sicurezza in palestra.	Applica discretamente le regole di gioco indicate dall'insegnate rispettando i valori sportivi. Rispetta in parte gli spazi, le attrezzature e le regole di sicurezza in palestra.	Applica superficialmente le regole di gioco indicate dall'insegnate rispettando in parte i valori sportivi. Rispetta poco gli spazi, le attrezzature e le regole di sicurezza in palestra.	Applica raramente le regole di gioco indicate dall'insegnate non rispettando i valori sportivi. Rispetta poco gli spazi, le attrezzature e le regole di sicurezza in palestra.	Non applica le regole di gioco indicate dall'insegnate non rispettando i valori sportivi. Non rispetta gli spazi, le attrezzature e le regole di sicurezza in palestra.
Aspetto comportamentale	Partecipa costantemente, in modo attivo e con elevato interesse. Svolge un ruolo positivo all'interno del gruppo coinvolgendo anche i compagni; sempre molto corretto e responsabile, si impegna con rigore e metodo.	Partecipa attivamente e in modo proficuo, collabora con i compagni e si impegna costantemente in modo adeguato. Generalmente è corretto e responsabile.	Partecipa in modo continuo ma poco attivo. Collabora con i compagni se sostenuto; si impegna in modo accettabile rispettando le regole stabilite.	Partecipa in modo discontinuo ed è poco disponibile alla collaborazione. Adotta un comportamento dispersivo o di disturbo e si impegna in modo superficiale e settoriale.	Partecipa saltuariamente e con poco interesse. Non collabora e si controlla con difficoltà; disturba di frequente e mostra notevoli carenze nell'impegno.

TEMA PORTANTE – ATLETICA LEGGERA (CORSA VELOCE)

DENOMINAZIONE	Corriamo Insieme
CICLO/CORSO	Gli utenti destinatari sono gli alunni di una classe Quinta della Scuola secondaria di secondo grado. La classe è composta da 16 alunni di cui 7 maschi e 9 femmine.
PERIODO ANNO SCOLASTICO	Aprile - Maggio
NUMERO TOTALE DI ORE	10 ore
ANALISI DEI BISOGNI	All'interno della classe, si osserva un buon livello di abilità motorie tra gli alunni, come evidenziato dai test iniziali. Un notevole numero di studenti dimostra competenze motorie e condizionali eccellenti grazie alla pratica sportiva extracurricolare. In contrasto, una minoranza degli alunni mostra difficoltà sia nella coordinazione che nelle prove di resistenza.
PRODOTTO FINALE	Sviluppare la velocità su varie distanze e garantendo una formazione equilibrata e completa. Migliorare la tecnica di corsa degli studenti, concentrandosi sull'efficienza del movimento e sull'ottimizzazione della postura. Mantenere alte velocità su distanze più lunghe, aumentando la resistenza e l'endurance.
PREREQUISITI	-Saper utilizzare in modo appropriato i vari schemi motori di base utili per l'approccio all'atletica; -Utilizzo delle risorse digitali.
DISCIPLINA D'INTERESSE	Scienze Motorie e Sportive
COMPETENZE CHIAVE EUROPEE	• *Competenza sociale e civica;* • *Competenza personale, sociale e capacità di imparare ad imparare.*
COMPETENZE CHIAVE DI CITTADINANZA	• *Partecipare e collaborare;* • *Risolvere i problemi;* • *Agire in modo autonomo e responsabile.*
TRAGUARDO DI SVILUPPO DELLE COMPETENZE	-Realizzare schemi motori complessi per affrontare attività sportive; -Migliorare le capacità coordinative e condizionali; -Collaborare con il gruppo classe facendo emergere le proprie potenzialità; -Padroneggiare abilità motorie e tecniche sportive specifiche.

NUCLEO FONDANTE	Lo sport, le regole e il Fair Play
ABILITÀ (SAPER FARE)	-Saper eseguire gli elementi tecnici della corsa veloce; -Correre velocemente su varie distanze (30-60-90 m); -Saper eseguire la tecnica della partenza dai blocchi; -Saper reagire ad un segnale di partenza.
CONOSCENZE (SAPERE)	-Conoscere regole e tecnica della partenza dai blocchi; -Conoscere il concetto di velocità e rapidità; -Conoscere gli elementi tecnici della corsa veloce.
RISORSE	**Umane:** Insegnante, Alunni **Materiali per aula:** LIM, PowerPoint, Computer **Materiali per palestra:** Cronometri, Coni, Delimitatori, Metro
METODOLOGIE DIDATTICHE	-Didattica Laboratoriale; -Cooperative Learning; -Brainstorming; -Lezione Partecipata; -Lezione Frontale.
VALUTAZIONE	**Valutazione diagnostica:** effettuata prima di intraprendere l'UDA ed è finalizzata a rilevare la situazione iniziale degli allievi sulle loro conoscenze e competenze già acquisite. **Valutazione formativa:** effettuata in itinere per rilevare come gli alunni recepiscono le nuove conoscenze: adeguare l'attività didattica alle esigenze. Si valutano gli alunni durante il lavoro e si valutano sulla partecipazione attiva e propositiva. **Valutazione sommativa:** effettuata per rilevare le conoscenze e le competenze a fine UDA.
STRUMENTI E RISORSE DI VALUTAZIONE	1. Osservazione; 2. Tabella di Valutazione.

Sessioni/Fasi di Lavoro	Tempo	Attività	Strumenti/Metodi
1	1 ORA	Presentazione dell'UDA da parte dell'insegnante e attività di Brainstorming sull'argomento velocità per capire il punto di partenza sulle conoscenze degli alunni	Brainstorming
2	1 ORA	Spiegazione tramite PowerPoint degli elementi tecnici della corsa e visione di un filmato esplicativo	Lezione Frontale LIM-PowerPoint
3	1 ORA	Sperimentazione pratica in palestra: proposta di esercizi preatletici come riscaldamento. Attività di coppia e/o di gruppo attraverso esercizi di propedeutica	Didattica Laboratoriale
4	1 ORA	Spiegazione tramite PowerPoint degli elementi tecnici della partenza dai blocchi e visione di un filmato esplicativo	Lezione Frontale LIM-PowerPoint
5	1 ORA	Gli alunni si posizionano in riga sul lato più lungo della palestra. Vengono effettuati esercizi per valutare qual è il piede dominante durante la partenza dai blocchi	Didattica Laboratoriale
6	2 ORE	Sperimentazione pratica in palestra della partenza dai blocchi. La classe viene suddivisa in gruppi di lavoro in cui vi sono i corridori, i cronometristi e i rilevatori di dati. Vengono effettuate prove di velocità con partenza dai blocchi. A turno tutti gli alunni del gruppo dovranno aver ricoperto i vari ruoli	Didattica Laboratoriale Cooperative Learning
7		Valutazione in itinere: si valutano gli alunni durante l'attività in palestra sui primi elementi tecnici acquisiti e sulla partecipazione alle attività (griglie di osservazione)	Griglia di Valutazione Seguente
8	1 ORA	Attività pratica cominciando ad introdurre gli alunni alle gare di velocità	Didattica Laboratoriale
9	2 ORE	Realizzazione di gare di velocità sui 30, 60 e 90 metri dividendo gli alunni in diverse batterie a seconda del proprio livello	Didattica Laboratoriale
10		Valutazione finale degli alunni	Tabella seguente

ATTIVITA' PROPEDEUTICHE DA POTER SVOLGERE IN PALESTRA

TUTTI VS TUTTI	Gli alunni vengono divisi in 4 gruppi e si posizionano in zone diverse del campo. Al via dell'insegnante i vari gruppi dovranno inseguirsi e cercare di toccare/mangiare più componenti avversari possibili (il gruppo A dovrà rincorrere il gruppo B, il gruppo B dovrà rincorrere il gruppo C, il gruppo C dovrà rincorrere il gruppo D e il gruppo D dovrà rincorrere il gruppo A). Ogni giocatore insegue qualcuno e viene a sua volta inseguito. Vince il gruppo che ha più giocatori non mangiati.
PIEDE DOMINANTE	1. Partenza da varie posizioni: supina, prona, raccolta: al segnale dell'insegnante gli alunni effettuano uno scatto di 10/15 m; 2. Corsa all'indietro, poi eseguire uno scatto all'avanti; 3. Partenza con i piedi paralleli e sbilanciamento in avanti del corpo e al segnale scatto in avanti; 4. Partenza in piedi con opposizione di un compagno posto di fronte, che cerca di trattenere l'alunno per le spalle.
COMINCIAMO A CORRERE	Gli alunni si suddividono in gruppi da 4 e si sistemeranno in diverse file. Al via dell'insegnante i vari gruppi cominceranno a correre e, il capo del gruppo sceglierà la strada e le andature da effettuare. Al fischio dell'insegnante si cambia il capo, il quale si dispone in fondo al proprio gruppo o in un altro gruppo.
ANDATURE	Gli alunni della classe vengono suddivisi in 3 gruppi: ogni gruppo esegue un circuito specifico sulle andature e le tecniche di corsa. Dopo aver eseguito per 3 volte il circuito, sarà effettuato il cambio. **Circuito A:** - andature per i piedi rullata tallone-avampiede; - corsa calciata avanti; - corsa a ginocchia alte in avanzamento tra i cerchi. **Circuito B:** - corsa a ginocchia alte sul posto; - corsa a ginocchia alte con funicella; - corsa rapida in avanzamento a ginocchia alte. **Circuito C:** - corsa all'indietro con skip a ginocchia alte; corsa rapida negli spazi segnati a terra col gesso (60-100 cm); corsa rapida realizzando un numero elevato di passi.

VALUTAZIONE IN ITINERE

GRIGLIA DI OSSERVAZIONE

INDICATORI	FREQUENZA
È coinvolto in modo attivo nelle attività proposte	0 1 2 3 4 5
L'oscillazione degli arti superiori durante la corsa avviene in modo fluido	0 1 2 3 4 5
Si relaziona in modo rispettoso e propositivo nei confronti dei compagni	0 1 2 3 4 5
Conosce e mette in pratica i fondamentali del gioco	0 1 2 3 4 5
È incoraggiato ad esternare le proprie conoscenze e abilità	0 1 2 3 4 5
La partenza dai blocchi viene effettuata in maniera corretta rispetto alla tecnica e al suono di partenza	0 1 2 3 4 5
Riesci a percepire il proprio corpo in situazioni statiche e dinamiche	0 1 2 3 4 5
Lavora singolarmente o in gruppo alla risoluzione di problemi	0 1 2 3 4 5

Livelli → Indicatori ↓	10 e 9	8 e 7	6	5	4
Aspetto teorico	Conosce gli argomenti trattati in modo completo e dettagliato, utilizza in modo corretto la terminologia specifica. È in grado di collegare le conoscenze teoriche acquisite con gli aspetti operativi sperimentati.	Conosce discretamente i contenuti trattati e adotta un linguaggio generalmente appropriato. Sa cogliere i riferimenti teorici essenziali nello svolgimento delle attività.	Conosce e comprende i contenuti trattati nelle linee fondamentali, utilizza un lessico sufficientemente adeguato.	Conosce in modo parziale gli argomenti trattati e fa un uso impreciso ed approssimativo dei termini.	Mostra gravi lacune nella conoscenza degli argomenti trattati e l'esposizione e l'espressione sono carenti.
Aspetto motorio	Applica correttamente le regole di gioco indicate dall'insegnate rispettando i valori sportivi. Rispetta gli spazi, le attrezzature e le regole di sicurezza in palestra.	Applica discretamente le regole di gioco indicate dall'insegnate rispettando i valori sportivi. Rispetta in parte gli spazi, le attrezzature e le regole di sicurezza in palestra.	Applica superficialmente le regole di gioco indicate dall'insegnate rispettando in parte i valori sportivi. Rispetta poco gli spazi, le attrezzature e le regole di sicurezza in palestra.	Applica raramente le regole di gioco indicate dall'insegnate non rispettando i valori sportivi. Rispetta poco gli spazi, le attrezzature e le regole di sicurezza in palestra.	Non applica le regole di gioco indicate dall'insegnate non rispettando i valori sportivi. Non rispetta gli spazi, le attrezzature e le regole di sicurezza in palestra.
Aspetto comportamentale	Partecipa costantemente, in modo attivo e con elevato interesse. Svolge un ruolo positivo all'interno del gruppo coinvolgendo anche i compagni; sempre molto corretto e responsabile, si impegna con rigore e metodo.	Partecipa attivamente e in modo proficuo, collabora con i compagni e si impegna costantemente in modo adeguato. Generalmente è corretto e responsabile.	Partecipa in modo continuo ma poco attivo. Collabora con i compagni se sostenuto; si impegna in modo accettabile rispettando le regole stabilite.	Partecipa in modo discontinuo ed è poco disponibile alla collaborazione. Adotta un comportamento dispersivo o di disturbo e si impegna in modo superficiale e settoriale.	Partecipa saltuariamente e con poco interesse. Non collabora e si controlla con difficoltà; disturba di frequente e mostra notevoli carenze nell'impegno.

TEMA PORTANTE – CALCIO A 5

DENOMINAZIONE	Calciamo Insieme
CICLO/CORSO	Gli utenti destinatari sono gli alunni di una classe Prima della Scuola secondaria di secondo grado. La classe è composta da 15 alunni di cui 8 maschi e 7 femmine. Nella classe è presente un alunno con disabilità visiva (ipovedente lieve).
PERIODO ANNO SCOLASTICO	Ottobre - Novembre
NUMERO TOTALE DI ORE	10 ore
ANALISI DEI BISOGNI	Nel contesto del gruppo classe emerge la necessità di potenziare gli elementi sociali, relazionali e inclusivi. Si utilizza il Calcio a 5 come mezzo didattico per favorire tale sviluppo.
PRODOTTO FINALE	Potenziare e arricchire l'ambito sociale e inclusivo attraverso l'impiego del Calcio a 5 come strumento pedagogico e formativo. Promuovere la coesione sociale, incoraggiare la partecipazione e favorire un ambiente inclusivo mediante l'integrazione di questa pratica sportiva nel contesto educativo.
PREREQUISITI	-Collaborazione e partecipazione attiva alla pratica; -Utilizzo delle risorse digitali; -Rispetto degli altri e dell'attrezzatura utilizzata.
DISCIPLINA D'INTERESSE	Scienze Motorie e Sportive
COMPETENZE CHIAVE EUROPEE	• *Competenza sociale e civica;* • *Competenza personale, sociale e capacità di imparare ad imparare.*
COMPETENZE CHIAVE DI CITTADINANZA	• *Partecipare e collaborare;* • *Risolvere i problemi;* • *Agire in modo autonomo e responsabile.*
TRAGUARDO DI SVILUPPO DELLE COMPETENZE	-Consolidare i valori sociali dello sport; -Agire in maniera responsabile riconoscendo le cause dei propri errori e mettendo a punto adeguate procedure di correzione; -Praticare lo sport di squadra del Calcio a 5 privilegiando la componente educativa e non il carattere della competitività; -Risolvere in modo efficace ed efficiente situazioni di gioco.
NUCLEO FONDANTE	Lo sport, le regole e il Fair Play

ABILITÀ (SAPER FARE)	-Saper eseguire i fondamentali del Calcio a 5 in diverse modalità; -Saper includere gli alunni con disabilità nel contesto classe e nei vari gruppi di lavoro finalizzati alla pratica; -Saper rispettare e riconoscere i ruoli propri e altrui; -Saper coordinare azioni motorie, anche complesse, in situazioni variabili con soluzioni personali, mettendo in atto strategie di gioco e tatticamente sperimentate.
CONOSCENZE (SAPERE)	-Conoscere i fondamentali del Calcio a 5; -Conoscere i principali gesti arbitrali del Calcio a 5; -Conoscere la variante del Calcio a 5 per non vedenti e le regole annesse.
RISORSE	**Umane:** Insegnante, Alunni **Materiali per aula:** LIM, PowerPoint, Computer **Materiali per palestra:** Palloni, Porte, Delimitatori, Coni, Benda oculare, Palla sonora
METODOLOGIE DIDATTICHE	-Didattica Laboratoriale; -Lezione Partecipata; -Flipped Classroom; -Lezione Frontale.
VALUTAZIONE	**Valutazione diagnostica:** effettuata prima di intraprendere l'UDA ed è finalizzata a rilevare la situazione iniziale degli allievi sulle loro conoscenze e competenze già acquisite. **Valutazione formativa:** effettuata in itinere per rilevare come gli alunni recepiscono le nuove conoscenze: adeguare l'attività didattica alle esigenze. Si valutano gli alunni durante il lavoro e si valutano sulla partecipazione attiva e propositiva. **Valutazione sommativa:** effettuata per rilevare le conoscenze e le competenze a fine UDA.
STRUMENTI E RISORSE DI VALUTAZIONE	1. Osservazione; 2. Tabella di Valutazione.

Sessioni/Fasi di Lavoro	Tempo	Attività	Strumenti/Metodi
1	1 ORA	Presentazione dell'UDA da parte dell'insegnante e spiegazione del prodotto finale incoraggiando la partecipazione alle attività ed enfatizzando l'aspetto inclusivo e relazionale	Lezione Partecipata
2	1 ORA	Spiegazione tramite PowerPoint dei fondamentali e dei ruoli del Calcio a 5	Lezione Frontale LIM/PowerPoint
3	2 ORE	Attività di coppia e/o di gruppo attraverso esercizi di propedeutica del Calcio a 5 per aumentare la fiducia reciproca	Didattica Laboratoriale
4	2 ORE	Valutazione in itinere: si valutano gli alunni durante l'attività in palestra sui fondamentali del Calcio a 5 e sull'aspetto relazionale tra compagni	Griglia di Valutazione Seguente
5	2 ORE	Sperimentazione dei gesti fondamentali del Calcio a 5 per non vedenti proponendo i movimenti di difesa e attacco con l'utilizzo di palle sonore e bende oculari	Didattica Laboratoriale
6	2 ORE	L'insegnante fornirà agli alunni siti e materiali didattici su cui reperire informazioni per realizzare una partita di Calcio a 5 paralimpica (non vedenti). Gli alunni presenteranno le regole in palestra e si sperimenta una partita	Flipped Classroom Didattica Laboratoriale
7		Valutazione finale degli alunni	Tabella seguente

ATTIVITA' PROPEDEUTICHE DA POTER SVOLGERE IN PALESTRA	
PASSA E FUGGI	Gli alunni si sistemano in 2 file una difronte l'altra ad una distanza di 8metri con un cono posto al centro di esse. Al via dell'insegnante il primo di una fila con la palla avanza fino ad arrivare al cono difronte a lui, successivamente la passerà al compagno dall'altra parte del campo e cambierà fila. Il compagno che riceve il passaggio farà la stessa cosa. **Perché?** Sviluppare la capacità di effettuare passaggi.
PORTA LA PALLA	Gli alunni si sistemano in coppia e ogni coppia avrà un pallone. La coppia è formata da un attaccante e un difensore. Al via dell'insegnante l'attaccante condurrà il pallone verso avanti e il difensore, senza rubare la palla, dovrà cercare di indirizzarlo verso dove vorrà lui. **Perché?** Introdurre il fondamentale della conduzione di palla e improntare un lavoro sulla difesa.
CAOS ORDINATO	Gli alunni si sistemano in campo in modo sparso. Solo la metà degli alunni avrà la palla. Al via dell'insegnante gli alunni cominceranno a correre in giro per il campo, coloro con la palla possono toccarla solo 4 volte dopodiché dovranno passarla ad un compagno senza palla. Il passaggio dovrà avvenire facendo passare la palla sotto un ostacolo. **Perché?** Sviluppare la capacità di effettuare passaggi in movimento e sviluppo dell'orientamento spazio-temporale.
COLPISCILA	Gli alunni vengono divisi in 2 squadre. Una squadra starà all'interno di un'area delimitata mentre, l'altra squadra, starà al di fuori. La squadra all'interno del perimetro avrà la palla tra i piedi e dovrà muoversi per difendersi dalla squadra avversaria che, con la palla in mano, dovrà colpire la palla dell'avversario facendola uscire dal perimetro. Quando escono tutte le palle della squadra all'interno del perimetro si cambiano i ruoli.

VALUTAZIONE IN ITINERE

GRIGLIA DI OSSERVAZIONE

INDICATORI	FREQUENZA
È coinvolto in modo attivo nelle attività proposte	0 1 2 3 4 5
È incoraggiato ad esternare le proprie conoscenze e abilità	0 1 2 3 4 5
Utilizza correttamente i fondamentali nelle dinamiche di gioco mettendo in atto collaborazione e autocontrollo	0 1 2 3 4 5
Si orienta bene e prontamente nello spazio	0 1 2 3 4 5
Si relaziona in modo rispettoso e propositivo nei confronti dei compagni	0 1 2 3 4 5
Conosce e mette in pratica i fondamentali del gioco	0 1 2 3 4 5
Riesci a percepire il proprio corpo in situazioni statiche e dinamiche	0 1 2 3 4 5

Livelli → / Indicatori ↓	10 e 9	8 e 7	6	5	4
Aspetto teorico	Conosce gli argomenti trattati in modo completo e dettagliato, utilizza in modo corretto la terminologia specifica. È in grado di collegare le conoscenze teoriche acquisite con gli aspetti operativi sperimentati.	Conosce discretamente i contenuti trattati e adotta un linguaggio generalmente appropriato. Sa cogliere i riferimenti teorici essenziali nello svolgimento delle attività.	Conosce e comprende i contenuti trattati nelle linee fondamentali, utilizza un lessico sufficientemente adeguato.	Conosce in modo parziale gli argomenti trattati e fa un uso impreciso ed approssimativo dei termini.	Mostra gravi lacune nella conoscenza degli argomenti trattati e l'esposizione e l'espressione sono carenti.
Aspetto motorio	Applica correttamente le regole di gioco indicate dall'insegnate rispettando i valori sportivi. Rispetta gli spazi, le attrezzature e le regole di sicurezza in palestra.	Applica discretamente le regole di gioco indicate dall'insegnate rispettando i valori sportivi. Rispetta in parte gli spazi, le attrezzature e le regole di sicurezza in palestra.	Applica superficialmente le regole di gioco indicate dall'insegnate rispettando in parte i valori sportivi. Rispetta poco gli spazi, le attrezzature e le regole di sicurezza in palestra.	Applica raramente le regole di gioco indicate dall'insegnate non rispettando i valori sportivi. Rispetta poco gli spazi, le attrezzature e le regole di sicurezza in palestra.	Non applica le regole di gioco indicate dall'insegnate non rispettando i valori sportivi. Non rispetta gli spazi, le attrezzature e le regole di sicurezza in palestra.
Aspetto comportamentale	Partecipa costantemente, in modo attivo e con elevato interesse. Svolge un ruolo positivo all'interno del gruppo coinvolgendo anche i compagni; sempre molto corretto e responsabile, si impegna con rigore e metodo.	Partecipa attivamente e in modo proficuo, collabora con i compagni e si impegna costantemente in modo adeguato. Generalmente è corretto e responsabile.	Partecipa in modo continuo ma poco attivo. Collabora con i compagni se sostenuto; si impegna in modo accettabile rispettando le regole stabilite.	Partecipa in modo discontinuo ed è poco disponibile alla collaborazione. Adotta un comportamento dispersivo o di disturbo e si impegna in modo superficiale e settoriale.	Partecipa saltuariamente e con poco interesse. Non collabora e si controlla con difficoltà; disturba di frequente e mostra notevoli carenze nell'impegno.

TEMA PORTANTE – CAPACITA' CONDIZIONALI (LA FORZA)

DENOMINAZIONE	AlleniAMOci
CICLO/CORSO	Gli utenti destinatari sono gli alunni di una classe Seconda della Scuola secondaria di secondo grado. La classe è composta da 22 alunni di cui 11 maschi e 11 femmine.
PERIODO ANNO SCOLASTICO	Gennaio - Febbraio
NUMERO TOTALE DI ORE	12 ore
ANALISI DEI BISOGNI	Il gruppo classe riporta difficoltà nelle attività in cui sono richieste proposte a carattere "condizionale" come forza, resistenza e velocità, a differenza delle attività a carattere coordinativo.
PRODOTTO FINALE	Organizzare e pianificare la progettazione e l'implementazione di un circuito specifico, concepito per favorire lo sviluppo della Forza Esplosiva. Tale iniziativa mira a fornire un ambiente collaborativo e stimolante in cui i partecipanti possono sperimentare e apprendere le tecniche necessarie per potenziare le proprie capacità fisiche, attraverso una serie di attività e esercizi mirati.
PREREQUISITI	-Conoscere i principi dell'allenamento; -Conoscenza la terminologia di base dei movimenti; -Saper svolgere i Test Motori; -Saper utilizzare i principali schemi motori in situazioni variabili; -Padronanza degli elementi di base delle attività motorie.
DISCIPLINA D'INTERESSE	Scienze Motorie e Sportive
COMPETENZE CHIAVE EUROPEE	• *Competenza sociale e civica;* • *Competenza personale, sociale e capacità di imparare ad imparare;* • *Competenza in materia di cittadinanza.*
COMPETENZE CHIAVE DI CITTADINANZA	• *Partecipare e collaborare;* • *Risolvere i problemi;* • *Comunicare;* • *Agire in modo autonomo e responsabile.*
TRAGUARDO DI SVILUPPO DELLE COMPETENZE	-Conoscere e applicare alcune metodiche di allenamento per affrontare attività motorie di alto livello; -Raggiungere livelli più elevati di abilità e di prestazioni motorie.
NUCLEO FONDANTE	Il corpo e la sua relazione con lo spazio e il tempo

ABILITÀ (SAPER FARE)	-Saper eseguire esercizi segmentari a corpo libero con piccoli attrezzi; -Eseguire un circuito per il potenziamento della forza muscolare; -Saper utilizzare esercizi con carico adeguato per allenare una capacità condizionare specifica.
CONOSCENZE (SAPERE)	-Conoscere il concetto di forza e le sue differenti espressioni; -Conoscere gli strumenti tecnologici di supporto all'attività fisica; -Conoscere i principi dell'allenamento della forza; -Conoscere il Circuit Training.
RISORSE	**Umane:** Insegnante, Alunni **Materiali per aula:** Libri di testo, PowerPoint, LIM, Video e Quiz **Materiali per palestra:** Palloni, Cerchi, Coni, Delimitatori, Funicella, (materiale per effettuare i test)
METODOLOGIE DIDATTICHE	-Didattica Laboratoriale; -Lezione Partecipata; -Cooperative Learning; - Brainstorming; -Lezione Frontale.
VALUTAZIONE	**Valutazione diagnostica:** effettuata prima di intraprendere l'UDA ed è finalizzata a rilevare la situazione iniziale degli allievi sulle loro conoscenze e competenze già acquisite. **Valutazione formativa:** effettuata in itinere per rilevare come gli alunni recepiscono le nuove conoscenze: adeguare l'attività didattica alle esigenze. Si valutano gli alunni durante il lavoro e si valutano sulla partecipazione attiva e propositiva. **Valutazione sommativa:** effettuata per rilevare le conoscenze e le competenze a fine UDA.
STRUMENTI E RISORSE DI VALUTAZIONE	1. Osservazione; 2. Tabella di Valutazione.

Sessioni/Fasi di Lavoro	Tempo	Attività	Strumenti/Metodi
1	1 ORA	Presentazione da parte dell'insegnante dell'UDA. Si illustra il concetto di forza e le sue varie manifestazioni. Successivamente, vengono proiettati dei video agli studenti che approfondiscono il tema della Forza	Lezione Frontale Lezione Partecipata LIM/PowerPoint
2	2 ORE	Svolgimento di 3 Test Motori: -Sargent Test: misurazione della forza esplosiva degli arti inferiori -Salto in Lungo da Fermo: misurazione della forza esplosiva degli arti inferiori -Lancio della Palla Medica da Seduti: misurazione della forza esplosiva degli arti superiori	Didattica Laboratoriale
3	2 ORE	Attività pratica in palestra con lo svolgimento di esercizi propedeutici alla Forza. L'insegnante propone alcune andature	Didattica Laboratoriale (Vedi Tabella Sottostante)
4	1 ORA	Introduzione di alcune metodologie di allenamento della forza tra cui il Circuit Training	Lezione Partecipata LIM/PowerPoint
5	2 ORE	Attività pratica in palestra con sperimentazione del Circuit Training	Didattica Laboratoriale (Vedi Tabella Sottostante)
6		Valutazione in itinere: si valutano gli alunni durante il lavoro e su quanto fatto finora tramite griglie di osservazione	Griglia di Valutazione Seguente
7	2 ORE	Divisione in gruppi e sperimentazione pratica in palestra con la creazione da parte degli alunni di un circuito di allenamento per la Forza	Didattica Laboratoriale Cooperative Learning
8	2 ORE	Svolgimento di 3 Test Motori: -Sargent Test: misurazione della forza esplosiva degli arti inferiori -Salto in Lungo da Fermo: misurazione della forza esplosiva degli arti inferiori -Lancio della Palla Medica da Seduti: misurazione della forza esplosiva degli arti superiori	Didattica Laboratoriale
9		Valutazione finale degli alunni	Tabella seguente

VALUTAZIONE IN ITINERE

GRIGLIA DI OSSERVAZIONE

INDICATORI	FREQUENZA
Risolve i problemi che si presentano durante il gioco in maniera rapida e corretta	0 1 2 3 4 5
Collabora in modo propositivo con i propri compagni	0 1 2 3 4 5
Esecuzione di azioni motorie, anche complesse, in situazioni variabili	0 1 2 3 4 5
Si orienta bene e prontamente nello spazio	0 1 2 3 4 5
È coinvolto in modo attivo nelle attività proposte	0 1 2 3 4 5
Riesce a percepire il proprio corpo nello spazio e nel tempo	0 1 2 3 4 5
Lavora singolarmente o in gruppi, alla risoluzione di problemi o per portare a termine le attività assegnate dal docente	0 1 2 3 4 5

ATTIVITA' DA POTER SVOLGERE IN PALESTRA

ATTIVITA' FASE 3	Viene avviata l'attività di riscaldamento. La classe è suddivisa in 2 squadre disposte sulle linee di fondocampo. Al via del docente, tutti gli alunni in riga, cercando di mantenere lo stesso ritmo, si dirigono di corsa nel campo avversario, afferrano un delimitatore ciascuno e lo riportano nel loro campo di gioco. Questo continua ininterrottamente per 2-3 minuti. Allo scadere del tempo, si conta quanti delimitatori ci sono in un campo e nell'al-tro: vince la squadra che ne ha di più. La classe deve arrivare insieme e partire tutte le volte insieme dalle linee di fondo campo; gli alunni non possono correre da soli ma in sincronia con i compagni. L'insegnante propone alcune andature con la scaletta Ladder. Gli alunni sono suddivisi in tre file, ognuna posta davanti a una scaletta. Si eseguono le seguenti andature: -Skip con due appoggi in ogni quadrato; skip con un appoggio in ogni quadrato; -"Piede scaccia piede" con due appoggi esterni alla scaletta; -"Piede scaccia piede" con un appoggio esterno alla scaletta; saltelli "apro e chiudo" all'interno e all'esterno della scaletta; -Skip laterali con due appoggi a destra e a sinistra.
ATTIVITA' FASE 5	Ha inizio il Circuit Training. La classe viene suddivisa in gruppi da cinque alunni, corrispondenti alle cinque stazioni di lavoro. Durante l'esecuzione del circuito, verrà utilizzato un sottofondo musicale con 128 bpm. Le stazioni di lavoro sono le seguenti: -Squat jump; -Lancio di palla medica da 2kg dal petto, da seduti; -Balzo a piedi uniti in avanti e tre saltelli a piedi uniti indietro tornando alla posizione di partenza; -Push up pliometrici; -Balzi laterali monopodalici a destra e a sinistra. Come tempi, sono previsti 30 secondi di lavoro e 60 secondi di recupero. Il circuito completo viene effettuato per tre volte.

Livelli → Indicatori ↓	10 e 9	8 e 7	6	5	4
Aspetto teorico	Conosce gli argomenti trattati in modo completo e dettagliato, utilizza in modo corretto la terminologia specifica. È in grado di collegare le conoscenze teoriche acquisite con gli aspetti operativi sperimentati.	Conosce discretamente i contenuti trattati e adotta un linguaggio generalmente appropriato. Sa cogliere i riferimenti teorici essenziali nello svolgimento delle attività.	Conosce e comprende i contenuti trattati nelle linee fondamentali, utilizza un lessico sufficientemente adeguato.	Conosce in modo parziale gli argomenti trattati e fa un uso impreciso ed approssimativo dei termini.	Mostra gravi lacune nella conoscenza degli argomenti trattati e l'esposizione e l'espressione sono carenti.
Aspetto motorio	Applica correttamente le regole di gioco indicate dall'insegnate. Rispetta gli spazi, le attrezzature e le regole di sicurezza in palestra.	Applica discretamente le regole di gioco indicate dall'insegnate. Rispetta in parte gli spazi, le attrezzature e le regole di sicurezza in palestra.	Applica superficialmente le regole di gioco indicate dall'insegnate. Rispetta poco gli spazi, le attrezzature e le regole di sicurezza in palestra.	Applica raramente le regole di gioco indicate dall'insegnate. Rispetta poco gli spazi, le attrezzature e le regole di sicurezza in palestra.	Non applica le regole di gioco indicate dall'insegnate. Non rispetta gli spazi, le attrezzature e le regole di sicurezza in palestra.
Aspetto comportamentale	Partecipa costantemente, in modo attivo e con elevato interesse. Svolge un ruolo positivo all'interno del gruppo coinvolgendo anche i compagni; sempre molto corretto e responsabile, si impegna con rigore e metodo.	Partecipa attivamente e in modo proficuo, collabora con i compagni e si impegna costantemente in modo adeguato. Generalmente è corretto e responsabile.	Partecipa in modo continuo ma poco attivo. Collabora con i compagni se sostenuto; si impegna in modo accettabile rispettando le regole stabilite.	Partecipa in modo discontinuo ed è poco disponibile alla collaborazione. Adotta un comportamento dispersivo o di disturbo e si impegna in modo superficiale e settoriale.	Partecipa saltuariamente e con poco interesse. Non collabora e si controlla con difficoltà; disturba di frequente e mostra notevoli carenze nell'impegno.

TEMA PORTANTE – NORDIC WALKING

DENOMINAZIONE	Passeggiata Nordica
CICLO/CORSO	Gli utenti destinatari sono gli alunni di una classe Terza della Scuola secondaria di secondo grado. La classe è composta da 16 alunni di cui 9 maschi e 7 femmine.
PERIODO ANNO SCOLASTICO	Aprile - Maggio
NUMERO TOTALE DI ORE	12 ore
ANALISI DEI BISOGNI	La stragrande maggioranza degli studenti della classe risiede in contesti urbani e, secondo i risultati di un sondaggio condotto, non ha mai avuto esperienza diretta di attività escursionistiche in ambienti naturali.
PRODOTTO FINALE	Educare alla salute, progettare, pensare ed accompagnare gli alunni al cambiamento verso nuovi stili di vita in ambiente naturale in sicurezza proponendo come attività didattica un'escursione praticando il Nordic Walking.
PREREQUISITI	-Collaborazione e partecipazione attiva alla pratica; -Rispetto degli altri, dell'attrezzatura e dell'ambiente; -Predisposizione ad escursioni in ambiente naturale.
DISCIPLINA D'INTERESSE	Scienze Motorie e Sportive
COMPETENZE CHIAVE EUROPEE	• *Competenza sociale e civica;* • *Competenza imprenditoriale;* • *Competenza personale, sociale e capacità di imparare ad imparare;* • *Competenza in materia di cittadinanza.*
COMPETENZE CHIAVE DI CITTADINANZA	• *Partecipare e collaborare;* • *Acquisire ed elaborare informazioni;* • *Risolvere i problemi;* • *Agire in modo autonomo e responsabile.*
TRAGUARDO DI SVILUPPO DELLE COMPETENZE	-Implementare la conoscenza del territorio e la collaborazione con gli Enti locali; -Favorire l'osservazione e la conoscenza attraverso l'attività in ambiente naturale; -Potenziamento delle capacità coordinative e condizionali utili per eseguire l'attività del Nordic Walking.
NUCLEO FONDANTE	Lo sport, le regole e il Fair Play
ABILITÀ (SAPER FARE)	-Riconoscere nell'ambiente che ci circonda gli eventuali pericoli naturali; -Saper utilizzare l'attrezzatura specifica del Nordic Walking;

	-Saper eseguire gli esercizi proposti per poter partecipare all'esperienza finale in ambiente naturale.
CONOSCENZE (SAPERE)	-Conoscere l'attività del Nordic Walking; -Conoscere esercizi guidati finalizzati al miglioramento della resistenza aerobica; -Conoscere le normative di sicurezza e prevenzione dei rischi e degli infortuni; -Conoscere gli elementi relativi all'orientamento in ambiente naturale.
RISORSE	**Umane:** Insegnante, Alunni **Materiali per aula:** LIM, Tablet, PowerPoint, Video, Computer **Materiali per palestra:** Bastoncini NW, Attrezzatura da Escursione (Borraccia, Zainetto, Cappello, ecc…), (materiale per i test)
METODOLOGIE DIDATTICHE	-Didattica Laboratoriale; -Lezione Partecipata; -Cooperative Learning; -Lezione Frontale.
VALUTAZIONE	**Valutazione diagnostica:** effettuata prima di intraprendere l'UDA ed è finalizzata a rilevare la situazione iniziale degli allievi sulle loro conoscenze e competenze già acquisite. **Valutazione formativa:** effettuata in itinere per rilevare come gli alunni recepiscono le nuove conoscenze: adeguare l'attività didattica alle esigenze. Si valutano gli alunni durante il lavoro e si valutano sulla partecipazione attiva e propositiva. **Valutazione sommativa:** effettuata per rilevare le conoscenze e le competenze a fine UDA.
STRUMENTI E RISORSE DI VALUTAZIONE	1. Osservazione; 2. Tabella di Valutazione.

Sessioni/Fasi di Lavoro	Tempo	Attività	Strumenti/Metodi
1	2 ORE	Presentazione da parte dell'insegnante dell'UDA, spiegazione del prodotto e valutazione diagnostica tramite Test Motori per la resistenza aerobica, la mobilità articolare e la forza degli arti superiori e inferiori	Lezione partecipata Didattica Laboratoriale
2	1 ORA	Presentazione delle caratteristiche del Nordic Walking e dei suoi benefici	Lezione Partecipata PowerPoint/LIM
3	1 ORA	Gli alunni verranno divisi in gruppi e ogni gruppo dovrà svolgere una ricerca sui luoghi dove poter svolgere un'escursione in ambiente naturale	Cooperative Learning
4	1 ORA	Esercitazioni pratiche per il miglioramento della resistenza aerobica e della forza tramite circuiti	Didattica Laboratoriale
5	2 ORE	Esercitazioni con i bastoncini da NW in palestra per prendere conoscenza dell'attrezzo e per il miglioramento della mobilità articolare	Didattica Laboratoriale
6	2 ORE	Valutazione in itinere: si valutano gli alunni durante il lavoro e su quanto fatto finora tramite griglie di osservazione e ripetizione dei Test Motori svolti nella Prima Fase	Griglia di Valutazione Seguente Didattica Laboratoriale
7	1 ORA	Presentazione da parte dell'insegnante del protocollo di sicurezza da rispettare in ambiente naturale valutando eventuali rischi e spiegazione su come doversi orientare	Lezione frontale LIM/PowerPoint
8	2 ORE	Escursione in ambiente naturale in uno dei luoghi precedentemente ricercati dagli alunni	Didattica Laboratoriale
9		Valutazione finale degli alunni	Tabella seguente

VALUTAZIONE IN ITINERE

GRIGLIA DI OSSERVAZIONE

INDICATORI	FREQUENZA
Rispetta l'ambiente naturale che lo circonda e l'attrezzatura	0 1 2 3 4 5
Collabora in modo propositivo con i propri compagni	0 1 2 3 4 5
Sa orientarsi nell'ambiente esterno	0 1 2 3 4 5
È coinvolto in modo attivo nelle attività proposte	0 1 2 3 4 5
Accetta e rispetta le idee del prossimo	0 1 2 3 4 5
È incoraggiato ad esternare le proprie conoscenze e abilità	0 1 2 3 4 5
Sa utilizzare in modo adeguata l'attrezzatura da Nordic Walking	0 1 2 3 4 5
Riesce a percepire il proprio corpo nello spazio e nel tempo	0 1 2 3 4 5

Livelli → Indicatori ↓	10 e 9	8 e 7	6	5	4
Aspetto teorico	Conosce gli argomenti trattati in modo completo e dettagliato, utilizza in modo corretto la terminologia specifica. È in grado di collegare le conoscenze teoriche acquisite con gli aspetti operativi sperimentati.	Conosce discretamente i contenuti trattati e adotta un linguaggio generalmente appropriato. Sa cogliere i riferimenti teorici essenziali nello svolgimento delle attività.	Conosce e comprende i contenuti trattati nelle linee fondamentali, utilizza un lessico sufficientemente adeguato.	Conosce in modo parziale gli argomenti trattati e fa un uso impreciso ed approssimativo dei termini.	Mostra gravi lacune nella conoscenza degli argomenti trattati e l'esposizione e l'espressione sono carenti.
Aspetto motorio	Applica correttamente le regole di gioco indicate dall'insegnate rispettando i valori sportivi. Rispetta gli spazi, le attrezzature e le regole di sicurezza in palestra e in ambiente naturale.	Applica discretamente le regole di gioco indicate dall'insegnate rispettando i valori sportivi. Rispetta in parte gli spazi, le attrezzature e le regole di sicurezza in palestra e in ambiente naturale.	Applica superficialmente le regole di gioco indicate dall'insegnate rispettando in parte i valori sportivi. Rispetta poco gli spazi, le attrezzature e le regole di sicurezza in palestra e in ambiente naturale.	Applica raramente le regole di gioco indicate dall'insegnate non rispettando i valori sportivi. Rispetta poco gli spazi, le attrezzature e le regole di sicurezza in palestra e in ambiente naturale.	Non applica le regole di gioco indicate dall'insegnate non rispettando i valori sportivi. Non rispetta gli spazi, le attrezzature e le regole di sicurezza in palestra e in ambiente naturale.
Aspetto comportamentale	Partecipa costantemente, in modo attivo e con elevato interesse. Svolge un ruolo positivo all'interno del gruppo coinvolgendo anche i compagni; sempre molto corretto e responsabile, si impegna con rigore e metodo.	Partecipa attivamente e in modo proficuo, collabora con i compagni e si impegna costantemente in modo adeguato. Generalmente è corretto e responsabile.	Partecipa in modo continuo ma poco attivo. Collabora con i compagni se sostenuto; si impegna in modo accettabile rispettando le regole stabilite.	Partecipa in modo discontinuo ed è poco disponibile alla collaborazione. Adotta un comportamento dispersivo o di disturbo e si impegna in modo superficiale e settoriale.	Partecipa saltuariamente e con poco interesse. Non collabora e si controlla con difficoltà; disturba di frequente e mostra notevoli carenze nell'impegno.

TEMA PORTANTE – PALLAMANO

DENOMINAZIONE	Happy Handball
CICLO/CORSO	Gli utenti destinatari sono gli alunni di una classe Seconda della Scuola secondaria di secondo grado. La classe è composta da 17 alunni di cui 10 maschi e 7 femmine.
PERIODO ANNO SCOLASTICO	Aprile - Maggio
NUMERO TOTALE DI ORE	12 ore
ANALISI DEI BISOGNI	Il clima in classe è positivo, anche se talvolta, è presente una certa difficoltà di collaborazione tra compagni. Solo 2 alunni hanno già sperimentato il gioco della Pallamano in precedenza.
PRODOTTO FINALE	Avvicinarci al gioco della Pallamano attraverso esercizi e giochi di situazione propedeutici.
PREREQUISITI	-Collaborazione e partecipazione attiva alla pratica; -Utilizzo delle risorse digitali; -Rispetto degli altri e dell'attrezzatura utilizzata; -Conoscere le normative principali di sicurezza per stare in palestra.
DISCIPLINA D'INTERESSE	Scienze Motorie e Sportive
COMPETENZE CHIAVE EUROPEE	• *Competenza sociale e civica;* • *Competenza personale, sociale e capacità di imparare ad imparare;* • *Competenza in materia di cittadinanza.*
COMPETENZE CHIAVE DI CITTADINANZA	• *Partecipare e collaborare;* • *Risolvere i problemi;* • *Agire in modo autonomo e responsabile.*
TRAGUARDO DI SVILUPPO DELLE COMPETENZE	-Utilizza gli aspetti comunicativo-relazionali del linguaggio motorio, per entrare in relazione con gli altri, praticando inoltre, i valori sportivi (fair play), come modalità di relazione quotidiana e di rispetto delle regole; -Acquisire i fondamentali individuali e di squadra; -Risolvere in modo efficace ed efficiente situazioni di gioco.
NUCLEO FONDANTE	Lo sport, le regole e il Fair Play
ABILITÀ (SAPER FARE)	-Saper effettuare il passaggio in diverse modalità sia statica che dinamica; -Saper ricoprire i diversi ruoli in campo;

	-Saper risolvere situazioni di gioco avendo visione panoramica per seguire la palla e i movimenti degli avversari; -Saper applicare correttamente i valori del Fair Play nelle situazioni di gioco e non.
CONOSCENZE (SAPERE)	-Conosce i fondamentali della pallamano dalle tecniche del palleggio, del tiro e del passaggio; -Conosce i ruoli del gioco della pallamano; -Conosce i principali gesti arbitrali della pallamano; -Conosce le regole del Fair Play.
RISORSE	**Umane:** Insegnante, Alunni **Materiali per aula:** Libri di testo, PowerPoint, LIM, Computer, Tablet **Materiali per palestra:** Palloni, Coni, Porte, Cinesini, Delimitatori, Casacche
METODOLOGIE DIDATTICHE	-Didattica Laboratoriale; -Lezione Partecipata; -Cooperative Learning; -Problem Solving; -Flipped Classroom; -Lezione Frontale.
VALUTAZIONE	**Valutazione diagnostica:** effettuata prima di intraprendere l'UDA ed è finalizzata a rilevare la situazione iniziale degli allievi sulle loro conoscenze e competenze già acquisite. **Valutazione formativa:** effettuata in itinere per rilevare come gli alunni recepiscono le nuove conoscenze: adeguare l'attività didattica alle esigenze. Si valutano gli alunni durante il lavoro e si valutano sulla partecipazione attiva e propositiva. **Valutazione sommativa:** effettuata per rilevare le conoscenze e le competenze a fine UDA.
STRUMENTI E RISORSE DI VALUTAZIONE	1. Osservazione; 2. Tabella di Valutazione.

Sessioni/Fasi di Lavoro	Tempo	Attività	Strumenti/Metodi
1	1 ORA	Presentazione da parte dell'insegnante dell'UDA, spiegazione del prodotto e valutazione diagnostica tramite Test per valutare le conoscenze già possedute dagli alunni	Lezione partecipata Test al PC tramite Google Moduli
2	2 ORE	L'insegnante fornisce bibliografia e sitografia su cui reperire informazioni principali sul gioco della Pallamano (campo di gioco, ruoli, regole principali). Gli alunni presentano all'insegnante le informazioni reperite	Flipped Classroom
3	2 ORE	Sperimentazione pratica in palestra per lo sviluppo del tiro e della precisione.	Didattica Laboratoriale
4	2 ORE	Sperimentazione pratica in palestra per lo sviluppo delle fasi difensive e di attacco del gioco della Pallamano	Didattica Laboratoriale
5		Valutazione in itinere: si valutano gli alunni durante il lavoro e su quanto fatto finora tramite griglie di osservazione	Griglia di Valutazione Seguente
6	2 ORE	Sperimentazione pratica in palestra per lo sviluppo del passaggio e della presa con giochi di coppia e/o di squadra	Didattica Laboratoriale
7	1 ORA	Spiegazione da parte dell'insegnante dei principali gesti arbitrali nel gioco della Pallamano	Lezione Partecipata PowerPoint/LIM
8	2 ORE	Sperimentazione pratica in palestra. Partita finale: gli allievi stabiliscono i ruoli, studiano strategie di gioco	Didattica Laboratoriale Problem Solving Cooperative Learning
9		Valutazione finale degli alunni	Tabella seguente

ATTIVITA' PROPEDEUTICHE DA POTER SVOLGERE IN PALESTRA	
COLPIAMO I BIRILLI	Gli alunni verranno divisi in 2 squadre e si sistemeranno sulla linea di fondo campo in 2 file (squadra A – squadra B). Dall'altra parte del campo, sparpagliati, si sistemeranno quanti più coni possibili. Ogni squadra ha un pallone a disposizione. Al VIA dell'insegnante, i primi di ogni squadra lanceranno il pallone contro i coni cercando di farli cadere, subito dopo l'alunno dovrà andare a riprendere la palla e passarla al compagno in fila della sua squadra. Vince la squadra che farà cadere più coni.
DIFENDI LA PORTA	Gli alunni si sistemeranno in una fila davanti la porta, dietro la linea dei 7 metri. L'insegnante sceglierà il portiere iniziale. Al VIA dell'insegnate gli alunni cominceranno a tirare in porta (uno alla volta). Se il portiere para il tiro, l'alunno che ha tirato diventa portiere e il portiere diventa giocatore se invece, l'alunno che tira segna, tornerà in fila mettendosi ultimo e il portiere continuerà a stare in porta fino a quando non parerà un tiro.
PARETE AL VOLO	Gli alunni verranno divisi in 2/3 squadre, a seconda del numero di alunni. Le squadre verranno sistemate in file, ognuna difronte ad una parete. Ogni squadra ha a disposizione un solo pallone. Il primo della fila lancia il pallone contro la parete e corre alla fine della fila, il secondo dovrà riprendere il pallone al volo, rilanciarlo contro la parete e correre alla fine della fila e così via.
MI OPPONGO	Gli alunni verranno divisi in coppie. Ogni coppia avrà una palla. Ad ogni coppia verrà assegnata una mini porta creata con 2 coni o cinesini. L'insegnante sceglierà chi della coppia sarà l'attaccante, il quale avrà la palla, e chi il difensore. L'attaccante, palleggiando, dovrà cercare di passare in questa porta e il difensore, senza l'utilizzo delle mani, dovrà cercare di non farlo passare opponendosi con il solo corpo.

VALUTAZIONE IN ITINERE

GRIGLIA DI OSSERVAZIONE

INDICATORI	FREQUENZA
È coinvolto in modo attivo nelle attività proposte	0 1 2 3 4 5
È incoraggiato ad esternare le proprie conoscenze e abilità	0 1 2 3 4 5
Si orienta bene e prontamente nello spazio	0 1 2 3 4 5
Utilizza correttamente i fondamentali della Pallamano nelle dinamiche di gioco	0 1 2 3 4 5
Conosce e mette in pratica i principi e i valori del Fair Play	0 1 2 3 4 5
Si relaziona in modo rispettoso e propositivo nei confronti dei compagni	0 1 2 3 4 5
Conosce e mette in pratica i fondamentali del gioco	0 1 2 3 4 5
Risolve in modo efficace ed efficiente le situazioni di gioco	0 1 2 3 4 5
Riesci a percepire il proprio corpo in situazioni statiche e dinamiche	0 1 2 3 4 5
Lavora singolarmente o in gruppo alla risoluzione di problemi o per portare a termine le attività assegnate dal docente	0 1 2 3 4 5

Livelli → / Indicatori ↓	10 e 9	8 e 7	6	5	4
Aspetto teorico	Conosce gli argomenti trattati in modo completo e dettagliato, utilizza in modo corretto la terminologia specifica. È in grado di collegare le conoscenze teoriche acquisite con gli aspetti operativi sperimentati.	Conosce discretamente i contenuti trattati e adotta un linguaggio generalmente appropriato. Sa cogliere i riferimenti teorici essenziali nello svolgimento delle attività.	Conosce e comprende i contenuti trattati nelle linee fondamentali, utilizza un lessico sufficientemente adeguato.	Conosce in modo parziale gli argomenti trattati e fa un uso impreciso ed approssimativo dei termini.	Mostra gravi lacune nella conoscenza degli argomenti trattati e l'esposizione e l'espressione sono carenti.
Aspetto motorio	Applica correttamente le regole di gioco indicate dall'insegnate rispettando i valori sportivi. Rispetta gli spazi, le attrezzature e le regole di sicurezza in palestra.	Applica discretamente le regole di gioco indicate dall'insegnate rispettando i valori sportivi. Rispetta in parte gli spazi, le attrezzature e le regole di sicurezza in palestra.	Applica superficialmente le regole di gioco indicate dall'insegnate rispettando in parte i valori sportivi. Rispetta poco gli spazi, le attrezzature e le regole di sicurezza in palestra.	Applica raramente le regole di gioco indicate dall'insegnate non rispettando i valori sportivi. Rispetta poco gli spazi, le attrezzature e le regole di sicurezza in palestra.	Non applica le regole di gioco indicate dall'insegnate non rispettando i valori sportivi. Non rispetta gli spazi, le attrezzature e le regole di sicurezza in palestra.
Aspetto comportamentale	Partecipa costantemente, in modo attivo e con elevato interesse. Svolge un ruolo positivo all'interno del gruppo coinvolgendo anche i compagni; sempre molto corretto e responsabile, si impegna con rigore e metodo.	Partecipa attivamente e in modo proficuo, collabora con i compagni e si impegna costantemente in modo adeguato. Generalmente è corretto e responsabile.	Partecipa in modo continuo ma poco attivo. Collabora con i compagni se sostenuto; si impegna in modo accettabile rispettando le regole stabilite.	Partecipa in modo discontinuo ed è poco disponibile alla collaborazione. Adotta un comportamento dispersivo o di disturbo e si impegna in modo superficiale e settoriale.	Partecipa saltuariamente e con poco interesse. Non collabora e si controlla con difficoltà; disturba di frequente e mostra notevoli carenze nell'impegno.

TEMA PORTANTE – PARALIMPIADI

DENOMINAZIONE	IncludiAMOci
CICLO/CORSO	Gli utenti destinatari sono gli alunni di una classe Prima della Scuola secondaria di secondo grado. La classe è composta da 20 alunni di cui 12 maschi e 8 femmine.
PERIODO ANNO SCOLASTICO	Gennaio - Febbraio
NUMERO TOTALE DI ORE	12 ore
ANALISI DEI BISOGNI	Da un sondaggio effettuato, è emerso che il gruppo classe non conosce l'attività sportiva paralimpica.
PRODOTTO FINALE	Diffondere la cultura dell'Attività Sportiva Paralimpica proponendo il gioco del Goalball e del Sitting Volley come strumento didattico e di inclusione sociale.
PREREQUISITI	-Essere a conoscenza dei valori sportivi, inclusi quelli di fratellanza e inclusione; -Saper collaborare all'interno di un gruppo squadra.
DISCIPLINA D'INTERESSE	Scienze Motorie e Sportive
DISCIPLINA TRASVERSALE	Educazione Civica
COMPETENZE CHIAVE EUROPEE	• *Competenza sociale e civica;* • *Competenza personale, sociale e capacità di imparare ad imparare;* • *Competenza in materia di cittadinanza.*
COMPETENZE CHIAVE DI CITTADINANZA	• *Agire in modo autonomo e responsabile;* • *Imparare ad imparare;* • *Agire in modo autonomo e responsabile.*
TRAGUARDO DI SVILUPPO DELLE COMPETENZE	-Sensibilizzare gli studenti sul valore inclusivo ed educativo dello Sport; -Sensibilizzare gli studenti al concetto di disabilità in associazione alle discipline paralimpiche; -Sviluppo delle capacità sensopercettive tramite il gioco paralimpico.
NUCLEO FONDANTE	Lo sport, le regole e il Fair Play
ABILITÀ (SAPER FARE)	-Saper integrare gli alunni con disabilità nel contesto classe e nei vari gruppi di lavoro finalizzati alla pratica; -Avere ottime capacità relazionali per poter comunicare in modo efficace con in propri compagni; -Consapevolezza che tutti i cittadini hanno pari dignità sociale e che il cittadino deve contribuire affinché ognuno, anche affetto da disabilità, possa esprimersi e svilupparsi

	nella società e possa contribuire con il proprio lavoro al benessere del Paese in cui si vive.
CONOSCENZE (SAPERE)	-Conoscere il Comitato Italiano Paralimpico (CIP) e lo Sport del Goalball e del Sitting Volley; -Conoscere le Paralimpiadi: storia e discipline; -Conoscere le principali Leggi sull'inclusione di soggetti affetti da disabilità.
RISORSE	**Umane:** Insegnante, Alunni **Materiali per aula:** PowerPoint, LIM, Film **Materiali per palestra:** Palloni, Porte, Rete da Pallavolo, Palloni sonori, Bende oculari
METODOLOGIE DIDATTICHE	-Didattica Laboratoriale; -Lezione Partecipata; -Cooperative Learning; -Flipped Classroom; -Lezione Frontale.
VALUTAZIONE	**Valutazione diagnostica:** effettuata prima di intraprendere l'UDA ed è finalizzata a rilevare la situazione iniziale degli allievi sulle loro conoscenze e competenze già acquisite. **Valutazione formativa:** effettuata in itinere per rilevare come gli alunni recepiscono le nuove conoscenze: adeguare l'attività didattica alle esigenze. Si valutano gli alunni durante il lavoro e si valutano sulla partecipazione attiva e propositiva. **Valutazione sommativa:** effettuata per rilevare le conoscenze e le competenze a fine UDA.
STRUMENTI E RISORSE DI VALUTAZIONE	1. Osservazione; 2. Tabella di Valutazione.

Sessioni/Fasi di Lavoro	Tempo	Attività	Strumenti/Metodi
1	1 ORA	Presentazione dell'UDA tramite proiezione di foto e video di atleti paralimpici e conversazione in classe con gli alunni delle emozioni e sensazioni che suscitano le foto e i video	Lezione Partecipata LIM/PowerPoint
2	1 ORA	Presentazione in PowerPoint da parte dell'insegnante sulla storia delle Paralimpiadi e del CIP	Lezione Partecipata LIM/PowerPoint
3	1 ORA	Assegnazione di un compito agli alunni: ciascuno ricerca e raccoglie informazioni su un'atleta paralimpico e li rielabora presentando l'elaborato alla classe	Flipped Classroom
4	2 ORE	Spiegazione da parte dell'insegnante degli sport Paralimpici concentrandosi maggiormente su Goalball e Sitting Volley	Lezione frontale LIM/PowerPoint
5		Valutazione in itinere: si valutano gli alunni durante il lavoro e su quanto fatto finora tramite griglie di osservazione	Griglia di Valutazione Seguente
6	2 ORE	Sperimentazione pratica in palestra su una partita di Goalball e Sitting Volley	Didattica Laboratoriale Cooperative Learning
7	2 ORE	Visione in classe del Film "A Muso Duro" e confronto con gli alunni su quanto visto	Lezione Partecipata LIM
8	1 ORA	Spiegazione da parte dell'insegnante delle attuali Leggi sull'inclusione e Disabilità	Lezione Partecipata LIM/PowerPoint
9	2 ORE	Torneo di Classe in palestra sulle attività precedentemente studiate (Goalball e Sitting Volley)	Didattica Laboratoriale
10		Valutazione finale degli alunni	Tabella seguente

VALUTAZIONE IN ITINERE
GRIGLIA DI OSSERVAZIONE

INDICATORI	FREQUENZA
È coinvolto in modo attivo nelle attività proposte	0 1 2 3 4 5
Si orienta bene e prontamente nello spazio anche in situazioni non note	0 1 2 3 4 5
È sensibile sul concetto dell'inclusione	0 1 2 3 4 5
È incoraggiato ad esternare le proprie conoscenze e abilità	0 1 2 3 4 5
Si relaziona in modo rispettoso e propositivo nei confronti dei compagni	0 1 2 3 4 5
Ha ben chiaro il valore inclusivo ed educativo dello Sport	0 1 2 3 4 5
Lavora singolarmente o in gruppo alla risoluzione di problemi	0 1 2 3 4 5
Ha ben chiaro cosa sono le Paralimpiadi e gli sport annessi	0 1 2 3 4 5
Accetta e rispetta le idee del prossimo	0 1 2 3 4 5

Livelli →	10 e 9	8 e 7	6	5	4
Indicatori ↓					
Aspetto teorico	Conosce gli argomenti trattati in modo completo e dettagliato, utilizza in modo corretto la terminologia specifica. È in grado di collegare le conoscenze teoriche acquisite con gli aspetti operativi sperimentati.	Conosce discretamente i contenuti trattati e adotta un linguaggio generalmente appropriato. Sa cogliere i riferimenti teorici essenziali nello svolgimento delle attività.	Conosce e comprende i contenuti trattati nelle linee fondamentali, utilizza un lessico sufficientemente adeguato.	Conosce in modo parziale gli argomenti trattati e fa un uso impreciso ed approssimativo dei termini.	Mostra gravi lacune nella conoscenza degli argomenti trattati e l'esposizione e l'espressione sono carenti.
Aspetto motorio	Applica correttamente le regole di gioco indicate dall'insegnante rispettando i valori sportivi e quelli dell'inclusione. Rispetta gli spazi, le attrezzature e le regole di sicurezza in palestra.	Applica discretamente le regole di gioco indicate dall'insegnante rispettando i valori sportivi e quelli dell'inclusione. Rispetta in parte gli spazi, le attrezzature e le regole di sicurezza in palestra.	Applica superficialmente le regole di gioco indicate dall'insegnante rispettando in parte i valori sportivi e quelli dell'inclusione. Rispetta poco gli spazi, le attrezzature e le regole di sicurezza in palestra.	Applica raramente le regole di gioco indicate dall'insegnante non rispettando i valori sportivi e quelli dell'inclusione. Rispetta poco gli spazi, le attrezzature e le regole di sicurezza in palestra.	Non applica le regole di gioco indicate dall'insegnante non rispettando i valori sportivi e quelli dell'inclusione. Non rispetta gli spazi, le attrezzature e le regole di sicurezza in palestra.
Aspetto comportamentale	Partecipa costantemente, in modo attivo e con elevato interesse. Svolge un ruolo positivo all'interno del gruppo coinvolgendo anche i compagni; sempre molto corretto e responsabile, si impegna con rigore e metodo.	Partecipa attivamente e in modo proficuo, collabora con i compagni e si impegna costantemente in modo adeguato. Generalmente è corretto e responsabile.	Partecipa in modo continuo ma poco attivo. Collabora con i compagni se sostenuto; si impegna in modo accettabile rispettando le regole stabilite.	Partecipa in modo discontinuo ed è poco disponibile alla collaborazione. Adotta un comportamento dispersivo o di disturbo e si impegna in modo superficiale e settoriale.	Partecipa saltuariamente e con poco interesse. Non collabora e si controlla con difficoltà; disturba di frequente e mostra notevoli carenze nell'impegno.

TEMA PORTANTE – RUGBY

DENOMINAZIONE	Andiamo a Meta
CICLO/CORSO	Gli utenti destinatari sono gli alunni di una classe Terza della Scuola secondaria di secondo grado. La classe è composta da 18 alunni di cui 8 maschi e 10 femmine.
PERIODO ANNO SCOLASTICO	Settembre - Ottobre
NUMERO TOTALE DI ORE	11 ore
ANALISI DEI BISOGNI	Il gruppo classe, in merito ai test eseguiti ad inizio anno, risulta carente nell'effettuare movimenti che siano coordinati, rapidi ed efficaci. Per tale ragione viene impiegato il Rugby come strumento didattico.
PRODOTTO FINALE	Diffondere il gioco del Rugby acquisendo i fondamentali di gioco e proponendolo come strumento didattico e di inclusione.
PREREQUISITI	-Collaborazione e partecipazione attiva alla pratica; -Utilizzo delle risorse digitali; -Conoscere le normative principali di sicurezza per stare in palestra; -Rispetto degli altri e dell'attrezzatura utilizzata.
DISCIPLINA D'INTERESSE	Scienze Motorie e Sportive
COMPETENZE CHIAVE EUROPEE	• *Competenza sociale e civica;* • *Competenza personale, sociale e capacità di imparare ad imparare;* • *Competenze digitali.*
COMPETENZE CHIAVE DI CITTADINANZA	• *Partecipare e collaborare;* • *Risolvere i problemi;* • *Agire in modo autonomo e responsabile.*
TRAGUARDO DI SVILUPPO DELLE COMPETENZE	-Acquisire i fondamentali individuali e di squadra; -Saper utilizzare e acquisire abilità coordinative e condizionali per la realizzazione dei gesti tecnici del rugby; -Risolvere in modo efficace ed efficiente situazioni di gioco.
NUCLEO FONDANTE	Lo sport, le regole e il Fair Play
ABILITÀ (SAPER FARE)	-Saper eseguire i fondamentali del rugby in diverse modalità (sia statiche che dinamiche); -Controllo del corpo in relazione alle modificazioni spazio-temporali;

	-Saper coordinare azioni motorie, anche complesse, in situazioni variabili con soluzioni personali, mettendo in atto strategie di gioco e tatticamente sperimentate.
CONOSCENZE (SAPERE)	-Conoscere i fondamentali del Rugby, nello specifico avanzare/pressare; -Conoscere i ruoli del gioco; -Conoscere il concetto di strategia e tattica.
RISORSE	**Umane:** Insegnante, Alunni **Materiali per aula:** LIM, PowerPoint, Computer **Materiali per palestra:** Palloni ovali, Delimitatori, Coni, Cerchi
METODOLOGIE DIDATTICHE	-Didattica Laboratoriale; -Lezione Partecipata; -Cooperative Learning.
VALUTAZIONE	**Valutazione diagnostica:** effettuata prima di intraprendere l'UDA ed è finalizzata a rilevare la situazione iniziale degli allievi sulle loro conoscenze e competenze già acquisite. **Valutazione formativa:** effettuata in itinere per rilevare come gli alunni recepiscono le nuove conoscenze: adeguare l'attività didattica alle esigenze. Si valutano gli alunni durante il lavoro e si valutano sulla partecipazione attiva e propositiva. **Valutazione sommativa:** effettuata per rilevare le conoscenze e le competenze a fine UDA.
STRUMENTI E RISORSE DI VALUTAZIONE	1. Osservazione; 2. Tabella di Valutazione.

Sessioni/Fasi di Lavoro	Tempo	Attività	Strumenti/Metodi
1	2 ORE	Presentazione dell'UDA e spiegazione del prodotto e valutazione diagnostica in palestra per valutare il punto di partenza degli alunni con i fondamentali del Rugby	Lezione Partecipata Didattica Laboratoriale
2	1 ORA	Presentazione da parte dell'insegnate sulle caratteristiche del Rugby, dal regolamento ai fondamentali e i gesti arbitrali	Lezione Partecipata LIM/PowerPoint
3	2 ORE	Attività di manipolazione tramite giochi/esercizi con palla da Rugby	Didattica Laboratoriale
4	2 ORE	Attività in palestra con l'esecuzione di esercizi propedeutici al Rugby con focus sul placcaggio	Didattica Laboratoriale
5		Valutazione in itinere: si valutano gli alunni durante il lavoro e su quanto fatto finora tramite griglie di osservazione	Griglia di Valutazione Seguente
6	2 ORE	Attività in palestra con l'esecuzione di esercizi propedeutici al Rugby con particolare riferimento ai fondamentali avanzare/pressare	Didattica Laboratoriale
7	2 ORE	Sperimentazione pratica in palestra di una partita di Rugby	Didattica Laboratoriale
8		Valutazione finale degli alunni	Tabella seguente

ATTIVITA' PROPEDEUTICHE DA POTER SVOLGERE IN PALESTRA

FUGGI E PLACCA	L'insegnante divide la classe in 2 squadre e li sistema una difronte l'altra a centrocampo. A questo punto, l'insegnante chiama il nome di una squadra che dovrà fuggire verso la propria linea di fondocampo (linea di meta). I giocatori dell'altra squadra, invece, tenteranno di placcare il diretto avversario per cercare di non fargli fare meta. **Perché?** Abituare i ragazzi al contatto diretto con l'avversario e il terreno.
PORTA LA PALLA	La classe viene divisa in 4 squadre e si posizionano nei 4 angoli del campo in modo da formare un quadrato. Ad ogni capofila viene dato un pallone. Al segnale dell'insegnante i quattro atleti con la palla tra le mani partono contemporaneamente e, correndo, portano l'ovale al compagno posto al vertice opposto. Immediatamente dopo aver ricevuto il pallone, i giocatori in attesa partono automaticamente mentre il giocatore che ha passato le palla si mette in fila. **Perché?** Sviluppare la capacità di effettuare passaggi in corsa e in linea e sviluppare la visione periferica.
IL GAMBERO	La classe viene divisa in 2 squadre le quali si posizionano contrapposte a fondocampo. Al via dell'insegnante la squadra che inizia calcia la palla in avanti e, la squadra avversaria, dovrà cercare di recuperarla al volo. Se il pallone calciato non viene preso al volo, la squadra che ha calciato effettua un passo avanti mentre la squadra che ha difeso effettua un passo indietro. Se invece la palla viene recuperata al volo, la squadra che ha calciato effettua un passo indietro e la squadra che ha difeso effettua un passo avanti. Vince la squadra che riesce ad arrivare fino alla linea di meta della squadra avversaria. **Perché?** Introdurre la tecnica del calcio per conquistare terreno.
LA BANDIERINA	L'insegnante divide la classe in 2 squadre le quali si sistemeranno una a fondocampo da una parte e l'altra a fondocampo dall'altro lato in piedi. Ad ogni alunno, di ogni squadra, viene assegnato un numero (SQUADRA A: 1-2-3-4… SQUADRA B: 1-2-3-4…). L'insegnante si posizionerà al centro del campo con la palla tra le mani. A questo punto la docente chiamerà un numero e lancerà la palla in area e, i giocatori corrispondenti al numero chiamato, corrono per cercare di raccogliere per primi la palla lanciata e per andare a fare meta sulla linea di fondocampo avversario. Il giocatore che non ha la palla difende cercando di placcare l'altro e portargli via la palla. **Perché?** Abituare i ragazzi ad affrontare l'avversario e consolidare il concetto di attacco-difesa.

VALUTAZIONE IN ITINERE
GRIGLIA DI OSSERVAZIONE

INDICATORI	FREQUENZA
È coinvolto in modo attivo nelle attività proposte	0 1 2 3 4 5
Riesce a risolvere in modo efficace ed efficiente situazioni di gioco	0 1 2 3 4 5
È incoraggiato ad esternare le proprie conoscenze e abilità	0 1 2 3 4 5
Si orienta bene e prontamente nello spazio	0 1 2 3 4 5
Utilizza in maniera corretta le abilità coordinative e condizionali in relazione al gioco del Rugby	0 1 2 3 4 5
Si relaziona in modo rispettoso e propositivo nei confronti dei compagni	0 1 2 3 4 5
Affronta con tranquillità proposte nuove	0 1 2 3 4 5
Riesci a percepire il proprio corpo in situazioni statiche e dinamiche	0 1 2 3 4 5
Ha ben chiaro i fondamentali del Rugby e il suo utilizzo	0 1 2 3 4 5

Livelli → Indicatori ↓	10 e 9	8 e 7	6	5	4
Aspetto teorico	Conosce gli argomenti trattati in modo completo e dettagliato, utilizza in modo corretto la terminologia specifica. È in grado di collegare le conoscenze teoriche acquisite con gli aspetti operativi sperimentati.	Conosce discretamente i contenuti trattati e adotta un linguaggio generalmente appropriato. Sa cogliere i riferimenti teorici essenziali nello svolgimento delle attività.	Conosce e comprende i contenuti trattati nelle linee fondamentali, utilizza un lessico sufficientemente adeguato.	Conosce in modo parziale gli argomenti trattati e fa un uso impreciso ed approssimativo dei termini.	Mostra gravi lacune nella conoscenza degli argomenti trattati e l'esposizione e l'espressione sono carenti.
Aspetto motorio	Applica correttamente le regole di gioco indicate dall'insegnate rispettando i valori sportivi. Rispetta gli spazi, le attrezzature e le regole di sicurezza in palestra.	Applica discretamente le regole di gioco indicate dall'insegnate rispettando i valori sportivi. Rispetta in parte gli spazi, le attrezzature e le regole di sicurezza in palestra.	Applica superficialmente le regole di gioco indicate dall'insegnate rispettando in parte i valori sportivi. Rispetta poco gli spazi, le attrezzature e le regole di sicurezza in palestra.	Applica raramente le regole di gioco indicate dall'insegnate non rispettando i valori sportivi. Rispetta poco gli spazi, le attrezzature e le regole di sicurezza in palestra.	Non applica le regole di gioco indicate dall'insegnate non rispettando i valori sportivi. Non rispetta gli spazi, le attrezzature e le regole di sicurezza in palestra.
Aspetto comportamentale	Partecipa costantemente, in modo attivo e con elevato interesse. Svolge un ruolo positivo all'interno del gruppo coinvolgendo anche i compagni; sempre molto corretto e responsabile, si impegna con rigore e metodo.	Partecipa attivamente e in modo proficuo, collabora con i compagni e si impegna costantemente in modo adeguato. Generalmente è corretto e responsabile.	Partecipa in modo continuo ma poco attivo. Collabora con i compagni se sostenuto; si impegna in modo accettabile rispettando le regole stabilite.	Partecipa in modo discontinuo ed è poco disponibile alla collaborazione. Adotta un comportamento dispersivo o di disturbo e si impegna in modo superficiale e settoriale.	Partecipa saltuariamente e con poco interesse. Non collabora e si controlla con difficoltà; disturba di frequente e mostra notevoli carenze nell'impegno.

TEMA PORTANTE – SITTING VOLLEY

DENOMINAZIONE	"Insieme"… da seduti
CICLO/CORSO	Gli utenti destinatari sono gli alunni di una classe Quinta della Scuola secondaria di secondo grado. La classe è composta da 16 alunni di cui 9 maschi e 7 femmine. Nella classe è presente un'alunna con disabilità motoria, nello specifico amputazione trans-femorale dell'arto inferiore. Nella classe è presente un alunno con disabilità intellettiva, nello specifico Sindrome di Asperger (l'alunno ha il sostegno).
PERIODO ANNO SCOLASTICO	Marzo - Aprile
NUMERO TOTALE DI ORE	11 ore
ANALISI DEI BISOGNI	Il gruppo classe è molto unito. Quasi tutti praticano attività sportive extracurriculari e hanno infatti una propensione positiva verso nuove attività sportiva.
PRODOTTO FINALE	Diffondere la cultura dell'Attività Sportiva Paralimpica proponendo il gioco del Sitting Volley come strumento didattico e di inclusione sociale.
PREREQUISITI	-Essere a conoscenza dei valori sportivi, inclusi quelli di fratellanza e inclusione; -Saper collaborare all'interno di un gruppo squadra; -Saper osservare e raccontare quanto osservato.
DISCIPLINA D'INTERESSE	Scienze Motorie e Sportive
DISCIPLINA TRASVERSALE	Educazione Civica
COMPETENZE CHIAVE EUROPEE	• *Competenza sociale e civica;* • *Competenza in materia di consapevolezza ed espressione culturali;* • *Competenza personale, sociale e capacità di imparare ad imparare;* • *Competenze digitali.*
COMPETENZE CHIAVE DI CITTADINANZA	• *Partecipare e collaborare;* • *Comunicare;* • *Risolvere i problemi;* • *Agire in modo autonomo e responsabile.*
TRAGUARDO DI SVILUPPO DELLE COMPETENZE	-Utilizzare i gesti tecnici e le strategie del Sitting Volley; -Sensibilizzare gli studenti sul valore inclusivo ed educativo dello Sport; -Stimolare i ragazzi alla partecipazione ad attività sportive adattate;

	-Utilizzare il confronto sportivo per promuovere la pratica sportiva come stile di vita ed il risultato sportivo non come fine ma come mezzo.
NUCLEO FONDANTE	Lo sport, le regole e il Fair Play
ABILITÀ (SAPER FARE)	-Avere ottime capacità relazionali: l'alunno deve saper comunicare bene con i propri compagni di squadra per collaborare in modo efficace; -Saper integrare nelle attività motorie e sportive gli alunni con disabilità nel contesto classe e nei vari gruppi di lavoro finalizzati alla pratica; -Saper imprimere la giusta forza sulla palla per direzionarla nel gioco del Sitting Volley; -Sapersi spostare da seduti.
CONOSCENZE (SAPERE)	-Conoscere l'Agenda 2030 con particolare riferimento all'Obiettivo 10; -Conoscere i gesti tecnici fondamentali degli arti superiori nel Sitting Volley; -Conoscere lo sport del Sitting Volley e le regole annesse.
RISORSE	**Umane:** Insegnante, Alunni, Atleta Paralimpico **Materiali per aula:** LIM, Quiz, Video, PowerPoint **Materiali per palestra:** Palloni, Rete da Pallavolo
METODOLOGIE DIDATTICHE	-Didattica Laboratoriale; -Video Modeling; -Cooperative Learning; -Lezione Partecipata.
VALUTAZIONE	**Valutazione diagnostica:** effettuata prima di intraprendere l'UDA ed è finalizzata a rilevare la situazione iniziale degli allievi sulle loro conoscenze e competenze già acquisite. **Valutazione formativa:** effettuata in itinere per rilevare come gli alunni recepiscono le nuove conoscenze: adeguare l'attività didattica alle esigenze. Si valutano gli alunni durante il lavoro e si valutano sulla partecipazione attiva e propositiva. **Valutazione sommativa:** effettuata per rilevare le conoscenze e le competenze a fine UDA.
STRUMENTI E RISORSE DI VALUTAZIONE	1. Osservazione; 2. Tabella di Valutazione.

Sessioni/Fasi di Lavoro	Tempo	Attività	Strumenti/Metodi
1	2 ORE	Presentazione dell'UDA e spiegazione del prodotto. L'insegnante cerca di stimolare le conoscenze già possedute dagli alunni e le aspettative nei confronti del tema che verrà trattato. Visione del Docufilm "Sarahsarà"	Lezione Partecipata LIM
2	1 ORA	Relazione da parte degli alunni sul Docufilm precedentemente visto e discussione in classe	Lezione Partecipata
3	2 ORE	Presentazione da parte dell'insegnante delle regole del Sitting Volley tramite video dimostrativi e sperimentazione pratica in palestra in coppie con giochi da seduti di prensione e passaggi della palla in vari modi (facendola rotolare, passandola al volo, con una mano, ecc...)	Video Modeling PowerPoint Didattica Laboratoriale
4	2 ORE	Presentazione da parte dell'insegnante dell'Agenda 2030 con particolare riferimento all'obiettivo 10 (ridurre le disuguaglianze). Proposte/idee da parte degli alunni su come riuscire a realizzare l'obiettivo 10	Lezione Partecipata LIM Brainstorming
5	2 ORE	Propedeutica del Sitting Volley: si gioca stando seduti includendo chi ha difficoltà fisiche o intellettive. In questa fase si da la possibilità di fermare e rilanciare il pallone	Didattica Laboratoriale
6		Valutazione in itinere: si valutano gli alunni durante il lavoro e su quanto fatto finora tramite griglie di osservazione	Griglia di Valutazione Seguente
7	2 ORE	Sperimentazione pratica in palestra di una partita di Sitting Volley: viene tolta la possibilità di bloccare la palla, ma si deve giocare effettuando palleggio, bagher e colpo di attacco, entrando così nelle regole della pallavolo	Didattica Laboratoriale
8		Valutazione finale degli alunni	Tabella seguente

VALUTAZIONE IN ITINERE

GRIGLIA DI OSSERVAZIONE

INDICATORI	FREQUENZA
È coinvolto in modo attivo nelle attività proposte	0 1 2 3 4 5
Ha delle ottime capacità relazionali	0 1 2 3 4 5
Riesce a muoversi da seduto in maniera ottimale	0 1 2 3 4 5
Si relaziona in modo rispettoso e propositivo nei confronti dei compagni	0 1 2 3 4 5
Rispetta le regole e sa attuare i fondamentali dello sport del Sitting Volley	0 1 2 3 4 5
Accetta e rispetta le idee del prossimo	0 1 2 3 4 5
Riesce ad integrare nelle attività motorie gli alunni con disabilità	0 1 2 3 4 5
Riesci a percepire il proprio corpo in situazioni statiche e dinamiche	0 1 2 3 4 5

Livelli → Indicatori ↓	10 e 9	8 e 7	6	5	4
Aspetto teorico	Conosce gli argomenti trattati in modo completo e dettagliato, utilizza in modo corretto la terminologia specifica. È in grado di collegare le conoscenze teoriche acquisite con gli aspetti operativi sperimentati.	Conosce discretamente i contenuti trattati e adotta un linguaggio generalmente appropriato. Sa cogliere i riferimenti teorici essenziali nello svolgimento delle attività.	Conosce e comprende i contenuti trattati nelle linee fondamentali, utilizza un lessico sufficientemente adeguato.	Conosce in modo parziale gli argomenti trattati e fa un uso impreciso ed approssimativo dei termini.	Mostra gravi lacune nella conoscenza degli argomenti trattati e l'esposizione e l'espressione sono carenti.
Aspetto motorio	Applica correttamente le regole di gioco indicate dall'insegnate rispettando i valori sportivi. Rispetta gli spazi, le attrezzature e le regole di sicurezza in palestra.	Applica discretamente le regole di gioco indicate dall'insegnate rispettando i valori sportivi. Rispetta in parte gli spazi, le attrezzature e le regole di sicurezza in palestra.	Applica superficialmente le regole di gioco indicate dall'insegnate rispettando in parte i valori sportivi. Rispetta poco gli spazi, le attrezzature e le regole di sicurezza in palestra.	Applica raramente le regole di gioco indicate dall'insegnate non rispettando i valori sportivi. Rispetta poco gli spazi, le attrezzature e le regole di sicurezza in palestra.	Non applica le regole di gioco indicate dall'insegnate non rispettando i valori sportivi. Non rispetta gli spazi, le attrezzature e le regole di sicurezza in palestra.
Aspetto comportamentale	Partecipa costantemente, in modo attivo e con elevato interesse. Svolge un ruolo positivo all'interno del gruppo coinvolgendo anche i compagni; sempre molto corretto e responsabile, si impegna con rigore e metodo.	Partecipa attivamente e in modo proficuo, collabora con i compagni e si impegna costantemente in modo adeguato. Generalmente è corretto e responsabile.	Partecipa in modo continuo ma poco attivo. Collabora con i compagni se sostenuto; si impegna in modo accettabile rispettando le regole stabilite.	Partecipa in modo discontinuo ed è poco disponibile alla collaborazione. Adotta un comportamento dispersivo o di disturbo e si impegna in modo superficiale e settoriale.	Partecipa saltuariamente e con poco interesse. Non collabora e si controlla con difficoltà; disturba di frequente e mostra notevoli carenze nell'impegno.

TEMA PORTANTE – SPORT E DISABILITA'

DENOMINAZIONE	dis...ABILITA'
CICLO/CORSO	Gli utenti destinatari sono gli alunni di una classe Quarta della Scuola secondaria di secondo grado. La classe è composta da 23 alunni di cui 11 maschi e 12 femmine.
PERIODO ANNO SCOLASTICO	Novembre - Dicembre
NUMERO TOTALE DI ORE	12 ore
ANALISI DEI BISOGNI	La classe si dimostra attiva nell'esplorare nuovi approcci didattici. L'obiettivo di questa iniziativa è sensibilizzare sull'importanza dello sport per le persone con disabilità, sia dal punto di vista fisico che sociale.
PRODOTTO FINALE	Diffondere la cultura delle Attività Motorie e Sportive come strumento di inclusione sociale delle persone portatrici di disabilità.
PREREQUISITI	-Conoscenza di base del termine disabilità e delle tipologie; -Saper collaborare all'interno di un gruppo squadra; -Intervenire in maniera propositiva nel lavoro di classe apportando il proprio contributo.
DISCIPLINA D'INTERESSE	Scienze Motorie e Sportive
DISCIPLINE TRASVERSALI	Educazione Civica, Storia
COMPETENZE CHIAVE EUROPEE	• Competenza sociale e civica; • Competenza in materia di consapevolezza ed espressione culturali; • Competenza personale, sociale e capacità di imparare ad imparare; • Competenze digitali.
COMPETENZE CHIAVE DI CITTADINANZA	• Partecipare e collaborare; • Comunicare; • Risolvere i problemi; • Agire in modo autonomo e responsabile.
TRAGUARDO DI SVILUPPO DELLE COMPETENZE	-Creare un'integrazione con i servizi sociali del territorio e con tutte le organizzazioni attive a favore della promozione dell'attività motoria; -Stimolare i ragazzi alla partecipazione di attività sportive adattate; -Diffondere la pratica sportiva in generale, come utile strumento di crescita morale, civile e sociale di ogni persona;

	-Utilizzare il confronto sportivo per promuovere la pratica sportiva come stile di vita ed il risultato sportivo non come fine ma come mezzo.
NUCLEO FONDANTE	Lo sport, le regole e il Fair Play
ABILITÀ (SAPER FARE)	-Saper integrare i ragazzi con disabilità nelle attività sportive; -Avere ottime capacità relazionali; -Saper integrare nelle attività motorie e sportive degli alunni con disabilità nel contesto classe e nei vari gruppi di lavoro finalizzati alla pratica; -Saper accettare e rispettare il prossimo.
CONOSCENZE (SAPERE)	-Conoscere la gerarchia Paralimpica nel mondo dello Sport e la sua annessa organizzazione; -Conoscere gli Sport Paralimpici; -Conoscere i vari tipi di disabilità e le problematiche ad esso correlate.
RISORSE	**Umane:** Insegnante, Alunni, Atleta Paralimpico **Materiali per aula:** LIM, Libri di Testo, Video, PowerPoint **Materiali per palestra:** Palloni, Delimitatori, Coni, Cerchi
METODOLOGIE DIDATTICHE	-Didattica Laboratoriale; -Attività di Ascolto; -Cooperative Learning; -Lezione Partecipata; -Brainstorming.
VALUTAZIONE	**Valutazione diagnostica:** effettuata prima di intraprendere l'UDA ed è finalizzata a rilevare la situazione iniziale degli allievi sulle loro conoscenze e competenze già acquisite. **Valutazione formativa:** effettuata in itinere per rilevare come gli alunni recepiscono le nuove conoscenze: adeguare l'attività didattica alle esigenze. Si valutano gli alunni durante il lavoro e si valutano sulla partecipazione attiva e propositiva. **Valutazione sommativa:** effettuata per rilevare le conoscenze e le competenze a fine UDA.
STRUMENTI E RISORSE DI VALUTAZIONE	1. Osservazione; 2. Tabella di Valutazione.

Sessioni/Fasi di Lavoro	Tempo	Attività	Strumenti/Metodi
1	2 ORE	Presentazione dell'UDA da parte dell'insegnante e spiegazione del prodotto. Visione del Docufilm "Rising Phoenix - La storia delle paralimpiadi"	Lezione Partecipata LIM
2	1 ORA	Relazione da parte degli alunni sul Docufilm precedentemente visto e discussione in classe	Lezione Partecipata
3	1 ORA	Incontro in aula con un Atleta Paralimpico	Attività di Ascolto
4	1 ORA	Presentazione teorica da parte dell'insegnante del concetto di disabilità in relazione allo sport e dei diversi sport Paralimpici	Lezione Frontale PowerPoint/LIM
5	2 ORE	Sperimentazione pratica in palestra di attività sportive adattate (sitting volley, goalball e calcio sociale)	Didattica Laboratoriale
6		Valutazione in itinere: si valutano gli alunni durante il lavoro e su quanto fatto finora tramite griglie di osservazione	Griglia di Valutazione Seguente
7	1 ORA	Proposte da parte degli studenti: incrementare le attività già esistenti per persone con disabilità e/o sviluppare nuove idee di pratica sportiva idonee	Didattica Laboratoriale
8	2 ORE	Divisione in gruppi e ricerca da parte degli alunni sulla storia delle Paralimpiadi e degli atleti paralimpici che hanno fatto la storia. Discussione in classe del lavoro effettuato da parte dei gruppi	Brainstorming Cooperative Learning
9	2 ORE	Sperimentazione pratica in palestra con attività sportive adattate (sitting volley, goalball e calcio sociale)	Didattica Laboratoriale
10		Valutazione finale degli alunni	Tabella seguente

VALUTAZIONE IN ITINERE

GRIGLIA DI OSSERVAZIONE

INDICATORI	FREQUENZA
È coinvolto in modo attivo nelle attività proposte	0 1 2 3 4 5
Si orienta bene e prontamente nello spazio in situazioni a lui non note	0 1 2 3 4 5
Ha ben chiaro il concetto di inclusione nel mondo dello sport	0 1 2 3 4 5
Si relaziona in modo rispettoso e propositivo nei confronti dei compagni	0 1 2 3 4 5
Conosce le varie tipologie di disabilità	0 1 2 3 4 5
Affronta con tranquillità proposte nuove	0 1 2 3 4 5
Riesci a percepire il proprio corpo in situazioni a lui nuove	0 1 2 3 4 5
È incoraggiato ad esternare le proprie conoscenze e abilità	0 1 2 3 4 5

Livelli → / Indicatori ↓	10 e 9	8 e 7	6	5	4
Aspetto teorico	Conosce gli argomenti trattati in modo completo e dettagliato, utilizza in modo corretto la terminologia specifica. È in grado di collegare le conoscenze teoriche acquisite con gli aspetti operativi sperimentati.	Conosce discretamente i contenuti trattati e adotta un linguaggio generalmente appropriato. Sa cogliere i riferimenti teorici essenziali nello svolgimento delle attività.	Conosce e comprende i contenuti trattati nelle linee fondamentali, utilizza un lessico sufficientemente adeguato.	Conosce in modo parziale gli argomenti trattati e fa un uso impreciso ed approssimativo dei termini.	Mostra gravi lacune nella conoscenza degli argomenti trattati e l'esposizione e l'espressione sono carenti.
Aspetto motorio	Applica correttamente le regole di gioco indicate dall'insegnate rispettando i valori sportivi. Rispetta gli spazi, le attrezzature e le regole di sicurezza in palestra.	Applica discretamente le regole di gioco indicate dall'insegnate rispettando i valori sportivi. Rispetta in parte gli spazi, le attrezzature e le regole di sicurezza in palestra.	Applica superficialmente le regole di gioco indicate dall'insegnate rispettando in parte i valori sportivi. Rispetta poco gli spazi, le attrezzature e le regole di sicurezza in palestra.	Applica raramente le regole di gioco indicate dall'insegnate non rispettando i valori sportivi. Rispetta poco gli spazi, le attrezzature e le regole di sicurezza in palestra.	Non applica le regole di gioco indicate dall'insegnate non rispettando i valori sportivi. Non rispetta gli spazi, le attrezzature e le regole di sicurezza in palestra.
Aspetto comportamentale	Partecipa costantemente, in modo attivo e con elevato interesse. Svolge un ruolo positivo all'interno del gruppo coinvolgendo anche i compagni; sempre molto corretto e responsabile, si impegna con rigore e metodo.	Partecipa attivamente e in modo proficuo, collabora con i compagni e si impegna costantemente in modo adeguato. Generalmente è corretto e responsabile.	Partecipa in modo continuo ma poco attivo. Collabora con i compagni se sostenuto; si impegna in modo accettabile rispettando le regole stabilite.	Partecipa in modo discontinuo ed è poco disponibile alla collaborazione. Adotta un comportamento dispersivo o di disturbo e si impegna in modo superficiale e settoriale.	Partecipa saltuariamente e con poco interesse. Non collabora e si controlla con difficoltà; disturba di frequente e mostra notevoli carenze nell'impegno.

TEMA PORTANTE – TABATA

DENOMINAZIONE	Tabata Workout
CICLO/CORSO	Gli utenti destinatari sono gli alunni di una classe Quarta della Scuola secondaria di secondo grado. La classe è composta da 21 alunni di cui 10 maschi e 11 femmine.
PERIODO ANNO SCOLASTICO	Maggio - Giugno
NUMERO TOTALE DI ORE	11 ore
ANALISI DEI BISOGNI	Nel gruppo classe dopo aver effettuato i test motori, risultano difficoltà nella capacità di coordinazione e ritmizzazione. Si propone quindi l'attività del Tabata.
PRODOTTO FINALE	Divisione in gruppi e creazione di un circuito Tabata scegliendo un distretto muscolare e la musica adatta.
PREREQUISITI	-Essere propostivi verso il lavoro di gruppo; -Avere una buona conoscenza di base del proprio corpo e del linguaggio corporeo; -Saper utilizzare la rete internet e i dispositivi digitali.
DISCIPLINA D'INTERESSE	Scienze Motorie e Sportive
COMPETENZE CHIAVE EUROPEE	• *Consapevolezza ed espressione culturale;* • *Competenza personale, sociale e capacità di imparare ad imparare;* • *Competenze digitali.*
COMPETENZE CHIAVE DI CITTADINANZA	• *Partecipare e collaborare;* • *Comunicare;* • *Progettare;* • *Risolvere i problemi;* • *Agire in modo autonomo e responsabile.*
TRAGUARDO DI SVILUPPO DELLE COMPETENZE	-Controllo del corpo in relazione alle modificazioni spazio-temporali; -Sperimentare situazioni diverse di ritmo per lo sviluppo della capacità di ritmizzazione; -Saper percepire il proprio corpo in situazioni statiche e dinamiche.
NUCLEO FONDANTE	Lo sport, le regole e il Fair Play
ABILITÀ (SAPER FARE)	-Saper muoversi a ritmo con la musica; -Saper riconoscere il distretto muscolare coinvolto nell'esercizio; -Saper realizzare e riprodurre un circuito di esercizi.
CONOSCENZE (SAPERE)	-Saper riconoscere i distretti muscolari del corpo;

	-Conoscere l'allenamento Tabata e i suoi benefici.
RISORSE	**Umane:** Insegnante, Alunni **Materiali per aula:** LIM, PowerPoint, Computer **Materiali per palestra:** Palloni ovali, Delimitatori, Coni, Cerchi
METODOLOGIE DIDATTICHE	-Didattica Laboratoriale; -Lezione Partecipata; -Flipped Classroom; -Cooperative Learning.
VALUTAZIONE	**Valutazione diagnostica:** effettuata prima di intraprendere l'UDA ed è finalizzata a rilevare la situazione iniziale degli allievi sulle loro conoscenze e competenze già acquisite. **Valutazione formativa:** effettuata in itinere per rilevare come gli alunni recepiscono le nuove conoscenze: adeguare l'attività didattica alle esigenze. Si valutano gli alunni durante il lavoro e si valutano sulla partecipazione attiva e propositiva. **Valutazione sommativa:** effettuata per rilevare le conoscenze e le competenze a fine UDA.
STRUMENTI E RISORSE DI VALUTAZIONE	1. Osservazione; 2. Tabella di Valutazione.

Sessioni/Fasi di Lavoro	Tempo	Attività	Strumenti/Metodi
1	1 ORA	Presentazione dell'UDA e spiegazione del prodotto. L'insegnante cerca di stimolare le aspettative degli alunni nei confronti del tema che verrà trattato	Lezione Partecipata
2	1 ORA	Presentazione delle caratteristiche del Tabata Workout	Lezione Frontale PowerPoint/LIM
3	2 ORE	Attività in palestra: esecuzione di circuiti a ritmo di musica coinvolgendo diversi distretti muscolari (squat, burpees, jumping jack, snap jump, ecc…)	Didattica Laboratoriale
4	1 ORA	L'insegnate fornisce indicazioni tramite immagini e video sui possibili esercizi da inserire nel Tabata Workout suddivisi per gruppi muscolari	Lezione Frontale PowerPoint/LIM
5	2 ORE	Gli alunni sperimentano in palestra gli esercizi divisi per distretti muscolari. In questa fase viene svolta la valutazione in itinere	Didattica Laboratoriale Griglia di Valutazione Seguente
6	2 ORE	Divisione in gruppi: l'insegnante fornisce agli alunni siti e video didattici sul Tabata e gli alunni dovranno realizzare un Workout Total Body	Flipped Classroom Cooperative Learning
7	2 ORE	Dimostrazione da parte dei gruppi dei Workout realizzati	Didattica Laboratoriale Flipped Classroom
8		Valutazione finale degli alunni	Tabella seguente

VALUTAZIONE IN ITINERE
GRIGLIA DI OSSERVAZIONE

INDICATORI	FREQUENZA
È coinvolto in modo attivo nelle attività proposte	0 1 2 3 4 5
Ha una buona conoscenza della Tabata e dei suoi benefici	0 1 2 3 4 5
Si orienta bene e prontamente nello spazio	0 1 2 3 4 5
Ha una buona conoscenza del proprio corpo e del linguaggio corporeo	0 1 2 3 4 5
Si relaziona in modo rispettoso e propositivo nei confronti dei compagni	0 1 2 3 4 5
Riesce ad avere un buon controllo del proprio corpo in relazione alle modificazioni spazio-temporali	0 1 2 3 4 5
Affronta con tranquillità proposte nuove	0 1 2 3 4 5
Riesce a percepire il proprio corpo in situazioni statiche e dinamiche	0 1 2 3 4 5
Possiede un'ottima capacità di ritmizzazione	0 1 2 3 4 5

Livelli → / Indicatori ↓	10 e 9	8 e 7	6	5	4
Aspetto teorico	Conosce gli argomenti trattati in modo completo e dettagliato, utilizza in modo corretto la terminologia specifica. È in grado di collegare le conoscenze teoriche acquisite con gli aspetti operativi sperimentati.	Conosce discretamente i contenuti trattati e adotta un linguaggio generalmente appropriato. Sa cogliere i riferimenti teorici essenziali nello svolgimento delle attività.	Conosce e comprende i contenuti trattati nelle linee fondamentali, utilizza un lessico sufficientemente adeguato.	Conosce in modo parziale gli argomenti trattati e fa un uso impreciso ed approssimativo dei termini.	Mostra gravi lacune nella conoscenza degli argomenti trattati e l'esposizione e l'espressione sono carenti.
Aspetto motorio	Si orienta nello spazio in modo ottimale andando a ritmo e seguendo le indicazioni. Rispetta gli spazi, le attrezzature e le regole di sicurezza in palestra.	Si orienta discretamente nello spazio andando a ritmo e seguendo le indicazioni. Rispetta gli spazi, le attrezzature e le regole di sicurezza in palestra.	Si orienta in modo approssimativo nello spazio andando a ritmo e seguendo le indicazioni. Rispetta gli spazi, le attrezzature e le regole di sicurezza in palestra.	Non riesce ad orientarsi nello spazio e riesce a seguire il ritmo ma con difficoltà. Rispetta gli spazi, le attrezzature e le regole di sicurezza in palestra.	Non riesce ad orientarsi nello spazio e non riesce a seguire il ritmo. Non rispetta gli spazi, le attrezzature e le regole di sicurezza in palestra.
Aspetto comportamentale	Partecipa costantemente, in modo attivo e con elevato interesse. Svolge un ruolo positivo all'interno del gruppo coinvolgendo anche i compagni; sempre molto corretto e responsabile, si impegna con rigore e metodo.	Partecipa attivamente e in modo proficuo, collabora con i compagni e si impegna costantemente in modo adeguato. Generalmente è corretto e responsabile.	Partecipa in modo continuo ma poco attivo. Collabora con i compagni se sostenuto; si impegna in modo accettabile rispettando le regole stabilite.	Partecipa in modo discontinuo ed è poco disponibile alla collaborazione. Adotta un comportamento dispersivo o di disturbo e si impegna in modo superficiale e settoriale.	Partecipa saltuariamente e con poco interesse. Non collabora e si controlla con difficoltà; disturba di frequente e mostra notevoli carenze nell'impegno.

Copyright © 2024

A norma di legge è vietata la riproduzione, anche parziale, del presente documento o di parte di esso con qualsiasi mezzo.
È SEVERAMENTE VIETATA la divulgazione con qualsiasi mezzo (sia essa gratuita o a pagamento) da altri enti, associazioni, aziende diverse da Universal Kinesiology srl.

Printed by Amazon Italia Logistica S.r.l.
Torrazza Piemonte (TO), Italy